知识生产的原创基地
BASE FOR ORIGINAL CREATIVE CONTENT

颉腾商业
JIE TENG BUSINESS

亲密关系

人际关系的美好相处之道

[美] 乔恩·戈登 (Jon Gordon) 著
凯瑟琳·戈登 (Kathryn Gordon)

张茜 译

Relationship Grit

A True Story with Lessons to Stay Together,
Grow Together, and Thrive Together

中国广播影视出版社

图书在版编目（CIP）数据

亲密关系：人际关系的美好相处之道 /（美）乔恩·戈登（Jon Gordon），（美）凯瑟琳·戈登（Kathryn Gordon）著；张茜译 . -- 北京：中国广播影视出版社，2021.8（2021.12 重印）
书名原文：Relationship Grit
ISBN 978-7-5043-8666-3

Ⅰ . ①亲… Ⅱ . ①乔… ②凯… ③张… Ⅲ . ①人际关系学 Ⅳ . ① C912.11

中国版本图书馆 CIP 数据核字 (2021) 第 132412 号

Title:Relationship Grit: A True Story with Lessons to Stay Together, Grow Together, and Thrive Together by Jon Gordon and Kathryn Gordon, ISBN:9781119430339
Copyright © 2020 by Jon Gordon and Kathryn Gordon. All rights reserved.
All Rights Reserved. This translation published under license. Authorized translation from the English language edition, published by John Wiley & Sons. No part of this book may be reproduced in any form without the written permission of the original copyrights holder.
北京市版权局著作权合同登记号 图字：01-2021-2695 号

亲密关系：人际关系的美好相处之道
[美]乔恩·戈登 [美]凯瑟琳·戈登 著
张茜 译

策　　划	颉腾文化
责任编辑	王萱　赵之鉴
责任校对	张哲
出版发行	中国广播影视出版社
电　　话	010-86093580　010-86093583
社　　址	北京市西城区真武庙二条 9 号
邮　　编	100045
网　　址	www.crtp.com.cn
电子信箱	crtp8@sina.com
经　　销	全国各地新华书店
印　　刷	文畅阁印刷有限公司
开　　本	889 毫米 ×1194 毫米　1/32
字　　数	51（千）字
印　　张	6
版　　次	2021 年 8 月第 1 版　2021 年 12 月第 2 次印刷
书　　号	ISBN 978-7-5043-8666-3
定　　价	59.00 元

（版权所有　翻印必究·印装有误　负责调换）

总序

赵菁

乔恩·戈登是《华尔街日报》的畅销作家，他的著作和演讲曾鼓舞了全世界无数的读者。他提倡的"积极改变"原则在美国国家橄榄球联盟（NFL）、NBA、财富500强企业、学校、医院、非营利组织等被广泛应用。迄今为止，他已出版了23本书，其中包括10本畅销书和5本儿童读物。本丛书中的《木匠》一书更是《企业》（*Inc.*）杂志评选的"年度十大最佳商业管理书籍"之一。

乔恩·戈登毕业于康奈尔大学，并拥有埃默里大学教育硕士学位。他和他的咨询培训公司成功培养了积极活跃的企业、组织及团队领袖，并帮助人们在生活与工作中找到了价值、意义和快乐。本丛书一共8册，涵盖了工作、生活、财富、人际等方方面面的话题。

乔恩·戈登擅长以商业寓言的形式，将深刻的道理蕴含于妙趣横生的故事中，娓娓道来，带给读者极佳的阅读体验。本丛书中的故事各有侧重，《咖啡豆》的故事告诉读者如何转变自己的环境，迎接挑战，创造积极的改变；《不抱怨的规则》讲述了一位人力资源副总裁如何以行之有效的原则和行动计划战胜了困扰员工及企业的负面情绪；《安全帽》源于康奈尔大学男子曲棍球队队员乔治·博亚迪的真实故事，他无私、忠诚、快乐、刻苦、崇尚体育精神、充满同情心，是一位杰出的领导者和队友；《鲨鱼与金鱼》的故事启迪我们如何在变革的浪潮中获得成功；在《花园》中，我们能找到有效克服恐惧、焦虑与压力的方法；《亲密关系》则教会了我们夫妻之间以及与团队成员之间友好相处之道；《木匠》是一个隐藏着深刻哲理的寓言故事，如果读者有兴趣，可以猜一猜这位木匠的真实身份；《种子》则帮助我们在生活与工作中找到目标和幸福。

  这套丛书无论作为培训教材、企业管理课程拓展阅读，还是作为睡前读物，都是一个很好的选择。无论你是一位企业领导、基层员工、学校在读的学生，还是一位家庭主妇，都能从这套丛书中获得应对挫折、保持正面积极能量、获得幸福人生的秘诀。

引言
Introduction

几年前，我和安吉拉·达克沃斯（Angela Duckworth）聊过一次，她通过TED演讲、出书和调研，让"grit"（毅力）一词流行起来。毅力是我与体育、商业以及医疗领域的客户谈论的首要问题。每位客户都希望招聘一个有毅力的人，希望培养员工的毅力，并且让自己变得有毅力。但是为帮助领导者打造强大团队，我一直在思考的问题就是"团队毅力"。我想知道，是什么造就了一个坚韧不拔的团队？永不言弃的团队有什么特点？安吉拉和我讨论了她做的关于毅力的调研，我问她有没有研究过毅力和团队的关系。我说我有一个很棒的想法：是什么因素让团队成员彼此竞争——而不是彼此对抗，我想知道有没有研究来支持我的想法和实验。安吉拉没有做过相关的研究，但她觉得这是一个非常有趣的想法。

我把我和安吉拉的谈话告诉妻子后，她说她不需要研究就能知道是什么造就了一个坚韧的团队。我妻子认为这是一个关系的问题，我们要做的就是审视我们的关系，看看这么多年来我们是如何一起度过风风雨雨的，这样就能理解团队的毅力。团队是由人组成的，团队成员之间的关系会决定这个团队能否经受住磨砺。

我和我妻子谈到了我们的关系，觉得现在我们俩还在一起简直就是一个奇迹。刚结婚的时候我就是一个大混蛋，她还威胁我，如果我不做出改变就离婚。虽然这是本书后面要讲的故事，但我想说的是她完全有理由离开，可她并没有这么做，对此我至今都感到非常惊讶。我和妻子聊得越多，我们就越意识到：我们能坚持下来并不是奇迹，而是这么多年来我们所做的努力挽救了这段婚姻，并且让它更加牢固。其中一些事只能说是神的帮助，另一些则是因为我们经受住了关系中的磨砺。

我们周围的很多朋友离婚了，也有很多年轻伴侣在刚刚遇到困难时就放弃了他们的婚姻。我们知道自己犯过的错误，也看到许多夫妻因为这些错误而离婚。如果我们克服了这些问题，那么其他夫妻也可以做到。这段婚姻不一定要结束，这段关系也不一定要破裂。你不需要放弃什么，只需要经受一些关系的磨砺来帮助你们坚持下去。这不是一件容易的事，因为如果一段关系中只有一个人在努力付出，那就会很困难。但是，如果两个人齐心协力来经营这段关系，也经受住了关系的磨砺，则你们不仅能够在一起，也会更加了解自己，并且在这一过程中学到很多人生经验，最后双方都能成长，你们两个人的关系也会更加稳固。

我们要说明的是，不是每对情侣都能经受住关系的磨砺，因为有些人注定是无法在一起的。但我们坚信，如果没有全力以赴，就不能放弃。请注意，如果你正在遭受家暴，那就另当别论，我们建议你立即寻求专业援助。

我和妻子决定写《亲密关系：人际关系的美好相处之道》这本书来分享我们的经验和教训，帮助其他夫妻经营自己的婚姻。我会以我的角度来分享这些事情，我妻子也会谈谈她的观点。让你们了解我们各自的故事和看法是最好的，也希望你们会喜欢这种轮流讲述的方式。我和妻子在写作时会有分歧，但你知道，赢的总是她。毕竟在

23年的婚姻生活中，我学到最重要的一课就是：我妻子永远是对的（当然我在开玩笑，但偶尔确实是这样。在这本书里我会多谈谈这些事）。

如果你读过我的书，你可能会感到惊讶，因为你对我有了新的认识。我觉得敏感、坦诚和真实是很重要的，当然，把我们的私人生活公之于众，我是有点不适和害怕的，但我和妻子知道我们需要这样做来帮助其他夫妻度过艰难的日子。要修复一段关系，就要利用过去的伤痛和教训，我们希望过去的伤痛和教训能够帮助你构建一段更稳固、更亲密、更幸福的关系。我们希望这本书能帮你做出改变，让你和另一半的关系变得更好。我不是完美的人，我有许多缺点，我也犯过错，但我的妻子仍然陪着我、支持我，让我变得更加强大。她让我成为一个更好的男人和父亲。我知道，这么多年来，如果没有她给我的爱和勇气，我不会成为现在的我。

这就是建立一段亲密关系的真谛。两个不完美的人走到一起,必须学会克服各自的缺点,发挥出两个人的力量。这绝非易事,需要努力才能做到。本着这种精神,我们想与你们分享我们成长过程中的错误、教训和经验,让你们的关系更加牢固,我们把这个秘诀称为G-R-I-T(G=上帝,R=坚定,I=投资,T=一起)。现在,让我们从G开始。

Contents 目录

第1章　G= 上帝（God）   001

奇妙的时刻（乔恩）   003

坚持不懈总会有回报（凯瑟琳）   005

神圣的约会（乔恩）   008

更深的联系（凯瑟琳）   009

三股绳（乔恩）   011

第2章　R= 坚定（Resolve）   013

从幻想到现实（凯瑟琳）   015

过去的问题（乔恩）   017

需要两个人（凯瑟琳）   020

买房（乔恩）   022

没人能阻挡我们（凯瑟琳）   023

重大决定（乔恩）   025

我们要有孩子了（凯瑟琳）	027
活生生的地狱（凯瑟琳）	029
忙碌、压力大、自私（乔恩）	034
我为什么留下来（凯瑟琳）	036
追求成功（乔恩）	039
有所行动（乔恩）	042
不惜一切（凯瑟琳）	045
奇迹（乔恩）	046
我要离开他（凯瑟琳）	048
最后通牒（乔恩）	050
决定性时刻（乔恩）	052
你必须愿意去改变（乔恩）	053

第3章　I= 投资（Invest）　　055

投资而非消费（乔恩）	057
不要计较得失（凯瑟琳）	060
沟通，沟通，再沟通（凯瑟琳）	062
期望带来的诅咒（凯瑟琳）	065
欣赏差异（乔恩）	067
同一个未来，同一个目标（凯瑟琳）	069

共同的纽带（凯瑟琳） 071
没有 B 计划（乔恩） 073
孤注一掷（凯瑟琳） 077
选择信仰（乔恩） 079
当你做出改变，关系也会随之而变（凯瑟琳） 083
跳上能量巴士（乔恩） 085
支持而不是束缚（凯瑟琳） 093
鼓励而不是竞争（凯瑟琳） 095
"4 个 C" 原则（乔恩） 097

第 4 章　T= 一起（Together） 103

更深刻的事（凯瑟琳） 105
欲得果实，先固其根（乔恩） 107
清理杂草（乔恩） 110
残忍的真相（凯瑟琳） 112
特别的祈祷（乔恩） 114
原谅（凯瑟琳） 117
你坦白的事，上帝会帮你遮羞（乔恩） 119
一则契约（凯瑟琳） 119
"5 个 D"（乔恩） 122

互相赞美（凯瑟琳）	126
关注对方做得好的事（乔恩）	128
让她做你的女王（乔恩）	130
让他做你的国王（凯瑟琳）	133
包容地接受反馈（乔恩）	134
家庭会议（凯瑟琳）	135
给彼此一些空间（乔恩）	137
留出自我成长的空间（凯瑟琳）	138
服务（乔恩）	140
把你们的关系放在首位（凯瑟琳）	147
找到你的节奏（乔恩）	149
共同成长（凯瑟琳）	152
没有一个完美的公式（乔恩）	156
对的时间说对的话（凯瑟琳）	158

附录　　　　　　　　　　　　　　　　　　161

维系一段美好关系的 11 个小技巧（凯瑟琳）	162
维系一段美好关系的 11 个小技巧（乔恩）	165
开放讨论	172

第 1 章

G= 上帝（God）

来一次精神约会

奇妙的时刻

(乔恩)

一段感情通常始于一次命中注定的相遇,一次偶然的邂逅,能让你体验忐忑不安的心情,或是童话般恋爱的奇妙时刻。对我来说,遇见凯瑟琳就是一件这样的事。我记得她向我走来的样子,那时我 24 岁,刚在亚特兰大的巴克海特开了一家酒吧和餐厅。当时我并不想找女朋友,我只是站在酒吧前门尽力吸引顾客,这样我就有生意了。

凯瑟琳走过来的时候,我和她搭起话来。当凯瑟琳停下来时,我盯着她的眼睛告诉她,她是我见过最漂亮的女人。这不是场面话,我真的这么觉得。对我来说这就是一见钟情,但凯瑟琳此后花了颇长一段时间才爱上我。当时她说我很帅,但接着又说她不能留下来,她得回家。凯瑟琳和一个朋友吃完晚饭,正要去取车。我告诉她周五晚上在我的酒吧里有一个派对,希望她可以来参加。凯瑟琳答应了,然后跟我告别。但是周五晚上凯瑟琳一直没有出现,那时我为自己没有拿到她的电话号码而生气,也不知道能不能再见到她。

  一周后,我和父母一起参加了"品味亚特兰大"的慈善活动,他们当时正在镇上做客。我们在食品站品尝各色美食的时候,我看见了在房间另一边的凯瑟琳。我简直不敢相信,大声说道:"就是她,那就是她!"当时她正在跟别人说话,我跑过去打断了他们。我甚至没法告诉你那个和凯瑟琳说话的人长什么样,对我来说他就是一个模糊的影子,因为我在全神贯注地看着凯瑟琳。

  "嘿,你还记得我吗?"我问道。凯瑟琳说记得,但比起跟我说话,她对品尝奥利奥芝士蛋糕更感兴趣。"你一直没来参加我的派对。"我说道。

"那天晚上我没弄明白这件事。"凯瑟琳不太有兴致地解释着。

"好吧,那你得把电话号码给我。"我决定了,要不到电话号码我绝不离开,"我想带你出去约会。"我告诉她。

凯瑟琳递给我她的名片,上面有她的电话。我看得出来,凯瑟琳这么做是为了摆脱我,希望我能让她一个人待着,而不是想跟我约会。但是我得到我想要的东西了,也没有因为她的态度而退缩。

坚持不懈总会有回报

(凯瑟琳)

我认识乔恩时他只有24岁,而我28岁,当时正和年龄比他大的成功人士约会。对我来说乔恩太年轻了,因此,尽管我觉得他很可爱,却没有兴趣和年纪比我小的人约会,更别说是一个开酒吧的人。我家里人都非常爱喝酒,从小到大我都是派对的常客。但是在25岁时,我就不再做这些事了,也完全改变了自己的生活方式。我喜欢上了瑜伽、轻食和果汁,对酒吧或者酒吧老板不感兴趣。不过我依然喜欢偶尔吃点儿甜点,所以在那次慈善活动上,乔恩不仅想和我搭话,而且让我没法吃奥利奥芝士蛋糕。

我把自己的电话号码给他,想打发他走。但之后他给我打过来了,还打了好多次。一天晚上,我们在电话里进行了一场深入心灵的交流,我觉得他比我印象中要更有内涵、更有趣。我发现他上的是康奈尔大学,是一个常春藤盟校的毕业生,现在正在埃默里大学攻读教育学硕士学位。

我们聊得很开心,之后他邀请我出去约会,我嘴上同意了。但那天晚上我仍有点儿顾虑,后来就取消了约会,所以我们另约了一个时间。可第二次我也取消了。我告诉他我得洗头——他永远不会忘记这个借口。我们重新约了一个时间,是的,我同样把这次约会取消了,然后我们又约了一个时间。当他打电话确认时,我告诉他我感觉不太合适,我们重新定个时间吧。他说:"你看,你已经取消五次我的约会了。要么我们今晚出去,要么就永远不出去了。"我当时正在和一个朋友通电话,就把乔恩的话转述给她。她笑着说:"哦,你应该和他出去的!"于是我就同意了。

  我没有刻意打扮自己。我们是在菲普斯广场的酒吧前认识的,聊得很开心,但对我来说这并不是件稀奇的事。事实上,在约会前的那个周末,我和朋友们去了佛罗里达的阿米莉亚岛旅行,在海滩上散步聊天的时候,我暗暗下定决心要简化我的生活。我开始删除那些我不会再约会的男人,列了一份名单。但乔恩根本不在名单上！但是我结束旅行回到家后，出于至今无法解释的原因，第一个打电话告诉他我回来了。他说"我这就来"，然后就来敲了我的门。

神圣的约会

（乔恩）

　　我甚至不知道她有一个名单。我只知道她打电话给我，我想再见到她。我们的第一次约会很顺利，没什么特别的。但我知道我想多陪陪她。我们在她家客厅的沙发上消磨时间，聊了好几个小时，聊上帝、聊我们的过去和读过的书。回想起来，我们本可以聊很多其他的事，但正是这些话题把我们联系在一起。

　　我们不是宗教人士。我生长在一个意大利犹太家庭，从不去教堂或寺庙。凯瑟琳从小是爱尔兰天主教徒，但只在圣诞节和复活节去教堂。我们都很有灵性，也读了很多能深入内心的书。那是一个特别而神奇的夜晚。我们从来没有接吻过，我却觉得和她有很深的联系。那晚之后，我坚信她就是我的女神。这就是命运。

我相信是命运让我们走到了一起。如果她走过去取车的那一刻我没有站在街角，我们就不会相遇。如果凯瑟琳没有接受她朋友的邀请，去参加"品味亚特兰大"的活动，我们可能再也不会见面。

更深的联系

（凯瑟琳）

从那以后我们就形影不离了。深入心灵的交流让我们越来越近，也为我打开了一扇通向乔恩灵魂的窗户。他有着深邃的思想和成熟的灵魂。后来我们约会了很多次，但过去我们的关系更多是浮于表面的，是基于身体的吸引。但这次不同，这次超越了物质层面。事实上，一开始的恋爱过程并不顺利，接吻很尴尬。我们第一次亲密接触简直是场灾难（是的，你没看错——我说的就是这个）。即便如此，我们依旧喜欢彼此，有一种灵魂上的联系让我们走到一起。

在我公寓楼后面的郊区，有一个亚特兰大社区，我经常在同一条路上跑步或者散步。我会在一棵树前停下，后来这棵树被我称为"神树"。我也会在回公寓之前祈祷。我开始带乔恩去我的神树那里散步。它成了我们共同的"神秘之物"。

所以，六个月后，他在"我们的"神树下向我求婚，这对我来说意义非凡。

我们有了更深层的联系，这是一件很好的事，因为我们需要一个更稳定强大的关系来度过未来的风风雨雨。

三股绳

(乔恩)

后来我们很快发现,我们的关系面临着很多问题。但是,我们关于上帝的探讨、精神上的对话和灵魂上的契合,都让我们在本要轻易放弃的情况下仍然坚持在一起。

从过去的经历中就能看出来我们是怎么在一起的,这就是为什么我们相信"Grit"中的G代表上帝,为什么上帝不仅对我们的关系如此重要,而且对任何关系都很重要。

我想让你们知道的是,我和凯瑟琳谈论上帝时,并不是在聊宗教。我们俩初识的时候,都觉得自己是精神上的新一代人,喜欢迪帕克·乔普拉(Deepak Chopra)、韦恩·戴尔(Wayne Dyer)和加里·祖科夫(Gary Zukov)。我们更像佛教徒,而不是基督教徒或犹太教徒。我们参加的是精神研讨会，而不是去教堂。但如果你了解"成瘾原理"，就会知道，其中包含着一种更强大的力量。你一个人戒不掉毒瘾，因为你还不够强大。当你软弱的时候，你需要更强大的力量来为你助力。当你想要放弃的时候，你需要一种更强大的力量让你坚持下去。

　　在一段关系或婚姻中也是如此。当你把上帝作为一段关系的中心时，你的生活就不仅仅包含了两条线，而是三条线。两根绳子绑在一起很稳固，但有了第三根绳子，这种结合会更加稳定。上帝是你在一段关系中需要的第三条纽带。因为上帝把我们撮合在一起，但在我们订婚后，他似乎离开了我们，或者说，我们似乎离开了上帝。我们的关系就像两股绳子一样，很快就开始走下坡路。

第 2 章
R= 坚定（Resolve）

放弃和离开往往更容易。因此每段关系中，双方都要有对共同生活、不断成长的渴望。

从幻想到现实

(凯瑟琳)

我和乔恩认识六个月后就订婚了。似乎从他把戒指戴在我手上后,我们就经常吵架。这才是真正的争吵。我们所有的问题和不安都浮出了水面。乔恩非常容易嫉妒。我一跟别人说话他就会生气。我害怕做出承诺,好几次试图和他分手。这时候他就会说:"你只是害怕而已。"这让我感觉好一些,因为我知道他是对的。

我建议乔恩和我去做一个咨询。乔恩很不情愿(我发现大多数人都是这样),但他最终还是同意了。我们去看了一位女治疗师,在第一次见面时,当谈到一些我们一直在争论的问题,她居然大声嘲笑我们。我怎么也记不得我到底说了什么,但我知道那一点儿也不好笑！乔恩和我面面相觑。这件事以一种奇怪的方式把我们联系在一起。我们从此有了一个共同的敌人。最后，嘲笑我们的治疗师再也见不到我们了！

不幸的是，这让乔恩更不愿意去看其他的心理医生了。所以我想，找个男性咨询师也许会让乔恩感觉更自在些。随后我找到了肖恩，他是一个很随和的人。肖恩花了5分钟来问我们一些试探性的问题，问完后乔恩和我又开始吵架。好吧，也许我们开始打架了。治疗师对我说："哇，你从婴儿变成60岁，只用这么短的时间！"说话的同时他打了个响指。乔恩听了就开始傻笑；我很生气，但我不能失去理智，因为我知道乔恩需要让人觉得他有筹码。我们在肖恩那里咨询了好几个月，他确实帮我们解决了一些问题，但说实话，我觉得让我们变得更亲近的，是一起嘲笑他的那些话。

直到今天,每当我生气的时候——是的,我很容易急躁,毕竟我是爱尔兰人——乔恩会打响指说:"哇,你就这样从婴儿变到60岁了。"然后我们就开始大笑。

嗯,大多数时候都是这样。

过去的问题

(乔恩)

回想起来,一切都发生得太快了,快得像是一场旋风。我和凯瑟琳认识不久就同居了,然后又订婚。我恋爱了,但我还不够成熟,不能维持一段健康的感情。

这就是关系的真谛。它让两个人走到了一起,他们都不完美,有各自的缺点和伤痛,但无论如何,你必须学会让这段关系维持下去。

凯瑟琳对别人很友好,包括男人,对此我非常嫉妒。我当时24岁,也深爱着她,我不想失去她。我的生父在我1岁时离开了我,这给我留下了很深的创伤,所以我害怕被抛弃。他还是在我身边生活着,有时会在周末和节假日见到他。但他再婚了,有了新的家庭,我和我哥哥总是觉得我们是次要人物。

后来我才发现他不想让我妈生下我。他们的关系不太好,他最不想要的就是第二个孩子——我。

我5岁的时候妈妈再婚了,乔成了我的爸爸。他是纽约市的一名警察,总觉得这个世界很危险,并且教导我们要坚强地去面对它。说实话,他是世界上最消极的人之一,但他非常爱他的家人。他是一个伟大的父亲,把我和哥哥当作自己的孩子,用爱抚养我们。但不知道为什么,我总觉得自己不够好。

在外人看来,我是一个努力工作的人,在很小的时候就取得了一些成就。但在恋爱中,我对自己没有足够的自信和安全感。在我生命中的这一刻，我真的不知道自己到底是谁，现在我和一个不太了解的人结婚了，同时我也不了解我自己。做心理咨询很有帮助，有肖恩认可我并且指出凯瑟琳的暴脾气，让我感觉很不错。但这并没有让我停止嫉妒，也没能避免因此而产生的争吵。我仍然没有安全感，有时会指出她的缺点来让自己感觉好一点，但这也让凯瑟琳感觉更糟了。

虽然凯瑟琳是个急性子，但她非常温柔，也很有爱心，而且，不幸的是，她见证了我最差劲的一面，而不是最好的一面。我对婚礼和未来的嫉妒、恐惧和压力占了上风，对她说了些刻薄的话，又引发另一场争吵。尽早去咨询并承认我们的问题是关键所在，因为我们把问题暴露出来了，而不是**掩盖起来任由它们溃烂**。这并不能永久地解决我的问题，但当时确实帮到我了。

需要两个人

（凯瑟琳）

乔恩有他的问题，我当然也有我的。我家里有妈妈、爸爸和两个哥哥。我们家是海军家庭，所以从我很小的时候就经常搬家。从缅因州到佛罗里达州，我上过五所不同的小学，9岁时在弗吉尼亚州的弗吉尼亚海滩定居下来。我妈妈是个很棒的厨师，并且总是把房子收拾得一尘不染。我父亲是海军飞行工程师。我和爸爸关系很好，他会弹吉他，我从3岁起就会唱歌了。所以在外人看来，我的家似乎很"正常"。但事实上它不是。

有很多个晚上，我的父母在酒精的刺激下吵架、尖叫、大喊，往往升级为肢体冲突。有几次争吵是因为爸爸的许多幽会对象之一打电话到家里，告诉妈妈我爸爸的不忠行为。

所以，在我们的关系中，我确实遇到了信任和承诺的问题。我很难相信男人,因为我害怕受伤,也有好几次试图和乔恩分手。更不用说我喜欢被关注,对其他人很友好(乔恩会说我有点轻浮),这让他更没有安全感。当他说一些伤人的话时,我会反击,所以我们经常争吵不休。

尽管我在承诺方面存在问题,但我确实做了一件对我们的关系很有帮助的事。在我们认识之前,乔恩创立了一个名为凤凰组织的非营利机构。它是由一群年轻的专业人士组成,去支持以年轻人为中心的慈善机构。乔恩总是去参加活动或组织自己的晚会,为一些组织筹集资金,比如"男孩女孩俱乐部"之类的。我也深深沉浸在亚特兰大的社会文化中。当他认为自己做的事情很重要,而我认为我做的事情也很重要时,就会出现权力斗争。我发现自己开始和他竞争了。

这对我们来说是一个非常关键的时刻。我意识到我必须做出决定来维持我们的关系。那时候我们俩不可能同时都出去,所以我必须下定决心支持他。我并不是说这是一个女人必须做的,也不是说男人就该这么做,有很多成功的夫妻都能做到这两点。但在我们当时的情况下,这就是我需要做的,以维持我们的关系,于是我就这么做了。

由于我的成长经历,这对我来说是一个非常重大的决定。因为我发过誓,我永远不会让位于男人。这绝对是信仰上的飞跃,但我相信,如果我不这么做,我们的关系就会破裂。

买房

(乔恩)

如果这么快就结婚还不够紧张的话,我们订婚三个月后就决定买房子了。酒吧和餐厅的生意开始走上正轨,奥运会之后,我们有足够的钱来付首付。

我们俩以前都没有买过这样的大物件,但我们已经决定要买了。虽然经常吵架,但我们还是打算结婚,组建家庭。我也不知道为什么我觉得得马上买房子,但我们很快就找到了一个合适的房源,并且第一次办理了抵押贷款手续。

刚遇到凯瑟琳的时候,我在朋友家里租了一个房间。现在,不到一年,我买了一套房子,而且我未来的妻子和孩子会住在那里。我做的每一个决定似乎都给我带来了更多的压力,但我只是在不断前进罢了。

没人能阻挡我们

(凯瑟琳)

我们结婚的三个月前,我母亲因癌症去世了。这件事就像是对我和乔恩关系的挑战。

我们于 1997 年 5 月 17 日结婚,我的母亲在

1996年10月被诊断出癌症。

四个月后,也就是1997年2月19日,她去世了。那段时间我飞回弗吉尼亚和她待在一起。母亲去世的那天我陪在她身边,我也无比庆幸,那个时候有我陪着她。

当我回到家时,婚礼正在全速筹备着。事实上,我从来没有真正地伤心过,因为我太专注于婚礼,想让这件事变得特别。乔恩很支持我,但他在情感上还不够成熟,不愿意和我谈论这件事,也不愿意问我过得怎么样。

讽刺的是,虽然我们马上要结婚了,却越来越疏远。我们比以前吵得更厉害了,而且当时是真的不喜欢对方。

然而,我们仍然能感受到彼此深沉的爱和承诺,所以我们继续筹备着婚礼。现在看起来这样很奇怪,但事情就是如此。

重大决定

(乔恩)

　　这很难解释。我那时候跟凯瑟琳冲突不断,但我知道我爱她。我知道我不能离开她,即使偶尔我会有这个念头。我也知道有时候凯瑟琳想离开我。我们之间的问题让彼此付出了代价。但我认为,一开始的那些深入心灵的对话,我们注定在一起的直觉以及偶尔的爱和快乐,让我们有了坚持下去的理由。当我站在厨房里看着她的时候,我知道她就是我的女神,我无法想象别人会成为我的妻子,所以我们选择继续走下去。

　　婚礼很美,那一天也很美妙。我们的家人和朋友在当时的日光酒店(Hotel Nikko),现在叫君悦酒店(Grand Hyatt Hotel)见证了我们的结合。那一天,我做出了一生中最大的决定,但当时我对于我所做的承诺、我所背诵的誓言,以及我要娶这个女人为妻的事实,并没有很大感触。因为当时的年轻无知,我更关心的是我的目标和成功,而不是我们的婚姻。

度完蜜月,我就决定竞选亚特兰大市议会议员。我在大学学的是经济和管理专业,一直想进入政界。出于某种原因,我觉得这是个好时机。在新婚之初竞选政治职位,并让你的妻子帮助你竞选,我觉得没有比这更好的事情了。

凯瑟琳写好地址,寄出了成百上千张明信片,还给他们打电话进行拉票。而我则挨家挨户地走访——一共走访了7000户人家!这真是累人,也让我大开眼界。我在民调中领先,但其他候选人却编造谣言来攻击我。我只有26岁,然而他们还是找到了可以捏造的事。

那是一场势均力敌的选举,但最后我输了。我以为我的生命结束了。虽然我的餐厅生意非常好,但我真正的希望和梦想都破灭了。我明白了，有时候你必须失去一个目标才能找到你真正的命运。然而，在那个时候，落选对我的打击太大了，它让我开始思考，下一步我该怎么做才能让自己更进一步，从而获得成功。我觉得自己必须成功，才能向别人证明我是有价值的。我需要用成就来满足我的自高自大。

所以尽管结婚了，我还是很关心我自己以及我的事业。这不是件好事，因为我们就要有孩子了。

我们要有孩子了

（凯瑟琳）

说实话，除了爱，想要个孩子也是我决定嫁给乔恩的原因之一。我曾和朋友们说，如果婚姻不成功，至少我还会有孩子。

在乔恩竞选市议会议员时，我怀孕了。我以为我不会怀孕的，因为年轻的时候身体有一些问题。所以当我发现怀孕的时候很惊讶，但乔恩更惊讶。我告诉了乔恩，他说："可我还没准备好。"我回答说："你最好做好准备，因为你别无选择——孩子要出生了。"

在助产课上，他一直在笑，没有参与进来。我觉得他一点都不认真。他说："别担心。我会在你生孩子的那天表现得很好。"这说的是什么混账话？哪个混蛋说的？

我选择了自然分娩，这在理论上听起来很容易，但我却生了15个小时，还没吃止疼药。这是一种原始的方式，它让我筋疲力尽。但我还是要表扬乔恩，他在我分娩的时候表现得很好。他不停地鼓励我深呼吸，我也会开玩笑说让他闭嘴。我们美丽的宝贝杰德（Jade）出生了，她的眼睛睁得大大的。我抱着她，乔恩也抱着她，在那一刻生活是那么完美。

活生生的地狱

(凯瑟琳)

我在20世纪80年代的弗吉尼亚海滩长大,那是一段疯狂的时光。那时候我接了很多模特的活儿,其中最常接到的就是为当地杂志和旅游书籍做比基尼模特广告。

我的几个朋友做了隆胸手术,于是我也决定去做。我去当地的银行,告诉银行经理我想申请一笔贷款来隆胸。我想他一定很吃惊,因为我居然有胆量去问他。他借给我2500美元,然后我在1988年6月做了隆胸手术。说实话,我不需要隆胸,因为本来我的身材就很好,但是每个人都在这么做!

回到我女儿出生的时候。我可以母乳喂养,我一直都想这么做。感谢上帝!至少我是这么想的……

然而杰德没法喝母乳,她舌头打结,不能正常进食。我们别住她的舌头，继续母乳喂养。三周之后，她嘴里长出了鹅口疮，我也得了乳腺炎，是堵塞乳管引起的感染。我都不知道发生了什么。我发着烧躺在房间里，一个朋友过来看望我，然后看着我的胸部说："凯瑟琳，你得了乳腺炎。你得去看医生。"感谢上帝，她提醒了我。乳腺炎很常见，但在我明白发生了什么之前，我可能已经病得很厉害了。她陪着杰德，我去看了医生。我确实患了严重的乳腺炎。

随着我的病逐渐痊愈，我开始觉得疲惫，身上也开始疼，我的关节发热发疼。在这个时候出现了很多问题，但有一次情况最为严重。我在厨房洗碗，想到我一直睡不着，又刚生了一个孩子，我觉得十分痛苦。我试着适应这一切，但事与愿违，然后就哭了起来。乔恩在这段时间里一点都不支持我，他对我说："你必须自己振作起来，我帮不了你。"说完就走出了屋子（乔恩说从那以后，他一直在为此买单）。

在接下来的九个月里，我的病情越来越严重。我的关节又热又痛，上到脖子，下到腿上，都会感到麻木和刺痛。我偶尔会语无伦次，我的脚感觉像着了火一样。我觉得自己深陷在一团迷雾里。我的胸部会从里到外地痒，所以我会敲它、挠它，即使那样很疼。

我去看妇产科医生，她说我得了产后抑郁症。但我没有感到抑郁！我觉得不舒服，好像得了流感。我又去看了风湿病专家，他说这可能和刚生完孩子有关。然后我感到了神经疼痛和麻木，于是我又去看神经科医生。他做了一系列神经测试，在我的小腿上扎了几根针，但并没有什么作用。

那时候他们开奥施康定就像开泰诺一样，所以我有满满四瓶。但我的直觉告诉我，我真的是哪里出了问题。我不想只靠吃药来治疗，所以我必须弄清楚我到底怎么了。但我把药留着，用来"以防万一"。

我求着乔恩从法学院回来照看杰德(他参选市议会议员失败后,决定继续深造以再次竞选),让我有时间去看医生。他总是压力很大,很暴躁。宝宝一哭我就急得浑身发抖。

每次我看完医生,没查出什么病就回家,都会让乔恩更加沮丧。医生说我没有什么问题,所有人,包括乔恩,都觉得我疯了。这个时候的我已经耗尽心力,感到毫无希望。我身体的正常机能也开始出现问题了。我一直低着头,失去了为自己努力斗争的意志。没有人给我答案,也没有人帮助我。所以我做了一个决定。

那天晚上上床睡觉时,我向上帝祈祷,希望他原谅我将要做的事。我祈祷我的婆婆和乔恩能照顾小杰德。我准备等第二天早上乔恩去法学院的时候,吃下所有的药,结束这场噩梦。

但那天晚上我做了一个梦，我听到一个很清脆的声音说："你生病是因为你的隆胸。"第二天早上我醒来，翻了个身，把我的梦告诉了乔恩。几个月来他第一次用带笑的明亮眼神看着我说："我相信你。我要拿房子做二次抵押，不计代价，让你变回从前那样！"

我很想说在这个时刻，他成为一个了不起的、支持我的也爱我的丈夫，但事实并非如此，他甚至都不愿意让我去做移除隆胸的手术。最终是我的一个朋友开车送我，手术后又送我回家，好几天都是她过来看望我。

事实证明，我的乳房植入物中全是一种叫作黑曲霉的真菌。我完全不知道是真菌和细菌感染让我身体不舒服！所以我没有疯！如果你想知道更多，搜索"凯瑟琳·戈登隆胸"，就能了解这件事。

手术三周后的一天早上，我醒来后就站不起来了。每次我试着站起来都会摔倒。我让乔恩帮帮我，但他说不行，他得去上课了。最后是街对面的邻居开车送我去急诊室。那真是一段可怕的经历，因为没人照顾我。

医生说我是内耳感染，在急诊室给我开了药。接着我就开始发冷，而且控制不住地发抖。我一直在喊人来帮我，最后有人过来说我好像对药物有反应，所以医生给我换了药。我终于不觉得冷、也不发抖了，能站起来去打电话。我打给乔恩，让他来接我，但他说他走不开。于是我只能打电话给邻居，让他来接我回家。

忙碌、压力大、自私

（乔恩）

在市议会选举中失利后，我决定去读法学院。妈妈一直想让我成为一名律师，我也计划大学毕业后继续深造。但我当时没能去我理想中的法学院，所以这个计划就被搁置了。可是现在我觉得我还有未竟的事业，我必须去深造。当时我们有好几家酒吧和餐厅，基本上经营都不需要我操心，所以我决定申请法学院。在佐治亚州最高法院法官利亚·西尔斯（Leah Sears）的推荐下，我被录取了。

我曾作为亚特兰大的一颗新星出现在许多杂志上，我开过很火的酒吧和餐厅，经营过一个非营利组织，给社区带来了好的变化，我在市议会任职后，也对政界有所涉猎。然而我是个糟糕的丈夫，我承认，我很糟糕。我在外取得了成功，在家里却遭遇了惨败。除了我妻子，大家都觉得我很成功。

法学院给我带来了很大的压力，因为我要忙着上课、学习，处理餐厅的经营以及所有的非营利活动，所以我没能抽出时间在凯瑟琳最需要我的时候陪伴她。她总是挑最坏的时间生病，真的给我带来了麻烦。难道她不知道我有很多事要忙吗？我太自私了，但那就是我当时的想法。

我记得刚开始上法学院的时候，第一周上课的压力很大。凯瑟琳哭了，我以为她得了产后抑郁症。但所有的医生都说她没事，我又觉得这都是她的幻觉。我们刚刚结婚，还有个孩子，我当时27岁，她生病的时候我不知道该怎么处理。那时的我不够成熟，也缺少同理心。她对我说："我真的需要你的帮助。"我却说我现在帮不了她，我有很多事要忙，她得自己想办法。

我为什么留下来

（凯瑟琳）

你也许在想，经历了这一切后，我为什么没有离开乔恩。就像我之前说的，我的家人爱喝酒，我就在充满酒精的家庭环境里长大。我见过好人做坏事，看到过经常吵架的父母，但第二天他们还是坚持了下来，没有离婚，仍然住在一起。我不是说这是好事，但这就是我所经历过的。我想我留下来也是因为我在为我的生活而战。我只是想好起来。

我很早就感受过他的善良。我一直想问，当初那个男人去哪儿了？他会注意到我香水用完了，然后去店里给我买些新的。在我们交往之初，我曾感受过这样的甜蜜。我的成长经历教会我接受生活中的不幸，然后思考怎样让它们慢慢变好。在学业进行到一半的时候我就转学了，这种情况在我小学时一共发生了五次，并教会了我如何交朋友，如何融入大群体，还教会了我如何随遇而安！我别无选择，也许前一天晚上我家里可能会有些恐怖，但你一觉醒来就又去上班或上学了，然后继续这样的生活。

我想这个特质对我后来的销售生涯也有帮助。我能接受被拒绝，并很快忘了这件事，然后去做下一次销售。这也让我在刚开始的时候和乔恩相处得很好。

我要说明一下，我们俩没有对彼此身体或心理上的任何虐待。如果你的伴侣对你进行了任何形式的虐待，你应该立即寻求专业援助。

在我小时候和成长过程中，我做了很多心理治疗（本文是简略版，因此我不想在这里写我酗酒的家人和不正常的家庭）。在这里，我想分享的是我如何看待我的生活环境，以及在我和乔恩的这段关系中，生活环境对我当时的想法和行为有什么影响。我的家人酗酒，我在这样的家庭里长大，我见过很多好人因为酗酒而做坏事。所以我学着把它归为我的一种应对机制。

我的病情逐渐好转，同时也努力让自己康复。在我摘除假体两个月后，我怀上了我们的儿子科尔（Cole）。这成了我关注的焦点。

在我有了科尔之后，很多媒体联系我，让我讲讲我隆胸的故事。《魅力》（*Glamour*）杂志写过一篇关于我的文章。我拍了几部纪录片，飞到纽约参加了蒙特尔·威廉姆斯（Montel Williams）的演出。我和上帝达成了协议，如果他治愈了我，让我能够照顾我的孩子，我就会分享我的故事来帮助其他女性朋友。

追求成功

（乔恩）

在法学院读了一年半之后，我退学了。我没有参加考试，也没有回头看。我曾在一家新兴的互联网公司做业务开发工作，这家公司把大型计算机和移动设备上的数据连接起来。它处于移动革命的前沿，我想这正是一个让我赚大钱的机会。那时我知道我不想成为一名律师，于是开启了这个令人激动的全新冒险，它会让我获得渴望已久的成功。

但是我面临一个新的挑战：以前我从来没有在办公室工作过，而这份工作要求我每天都待在办公室里。刚开始的几个月充满新鲜感，让我很激动。但不久之后，我就觉得自己像被关在笼子里，也被困在追求金钱和成功的路上。我一直是自己的老板，然而现在我有了一个新的老板。我一直都是企业家，经营自己的公司和非营利组织，参加竞选活动，但现在我必须创建销售渠道，让别人看见我的进展。为了8万股股票，为了成为互联网富翁，我牺牲了我的幸福。更糟糕的是，我们并没有完成任何销售，也没有收益。

我确实与NFL（职业橄榄球大联盟）达成了协议，我们是第一家将NFL得分引入移动设备的公司，这对我和公司来说都是一个巨大的胜利。但我们是在非收益的试点基础上来展示我们的技术的，人们喜欢看我们能做点什么，但没人愿意为此付钱。就像当时的大多数网络公司一样，没人在乎赚不赚钱。我们投了很多钱，却几乎什么都没赚到。

在这段时间里，我花在酒吧和餐厅的时间越来越少，作为老板的红利也越来越少。我问我的合伙人为什么我拿不到什么钱，他们却不想跟我说原因。在我要求看财务账单时，他们提出买下我的股份。我真的别无选择，所以我同意了。他们只把我认为应得部分的25%给了我，我不想卷入法律纠纷，接受了他们的提议。

我正式退出了餐饮业，也不再是一个企业家，我现在在网络公司工作。而我的一个朋友接管了我创立的非营利组织。所以我唯一要做的事就是在一家网络公司工作，但在那里我很痛苦。我是一个糟糕的丈夫和父亲。

有所行动

(乔恩)

就在这个时候,凯瑟琳和我开始讨论搬家的事。她在弗吉尼亚海滩长大,我在长岛长大,所以我们都想搬去海滩生活。我们列了个名单:坦帕、圣迭戈,也有人推荐去杰克逊维尔看看。我和凯瑟琳在一本杂志上看到一则广告,是关于杰克逊维尔附近的 Pontevedra 海滩社区的,于是我们决定带着孩子们开车去看看。

我们看了许多房子,但基本上都负担不起。回家的路上有一家看起来不错的餐厅,我们就决定在那里吃饭。在走去餐厅的时候,我们看到隔壁有一家房地产公司,就去看看那里有没有出租的房子。我们告诉那位女士,我们在城里买不起任何一所房子,然后她问了我们的理想价格范围,听后推荐我们去几个地方看看。

她刚带我们去了第一个地方,我们就决定把这所房子买下来。我真的相信这就是命运。如果我们没有在餐厅停一下就开车走了,我们就永远不会在杰克逊维尔了。签了合同后,我们回到亚特兰大,把之前的房子挂牌出售。我的计划是工作日在亚特兰大,周末开车到Pontevedra。但是,当我告诉我的老板我买了一套新房子,打算周末回家时,他说这对我的婚姻生活不太好,允许我在佛罗里达的家庭办公室工作。

我跳槽后的几个月里,我所工作的网络公司就已经快没有资金了,而且没落的速度比泰坦尼克号沉船还快。我有了一个新家,有了妻子和两个小孩,这让我感到了前所未有的压力。如果我失业了,我该怎么办?我怎么养活我的家人?

我祈祷着,也想知道我真正适合做什么。这时候,我想到了写作和演讲。我不知道自己会写些什么，会说些什么，但我知道我想激励别人，就像我读过的书激励了我一样。

但我不能马上就靠做这个来养家。我需要一边赚钱一边开始写作。我的餐厅生意做得很不错，把亚特兰大的餐厅卖掉的钱、房子二次抵押的贷款凑起来，再加上我信用卡上的2万美元贷款，我决定用这些钱在杰克逊维尔开一家莫伊西南烧烤店（Moe's Southwest Grill）。我们是佛罗里达的第一个莫伊，也是现存的第六个莫伊。我准备开一家餐厅，然后找一位经理来经营，这样我就能继续在网络公司上班。

然而，在餐厅开业前两周，我接到了老板的电话。他说，虽然我比大多数人工作时间都长，但现在，我被解雇了。我被吓得脸都白了，公司赔偿我的只有两周的遣散费，我家里还没有保险。我把所有的钱都投进一家即将开业的餐厅里，需要一段时间才能盈利，甚至可能倒闭。我下楼把这个坏消息告诉了凯瑟琳。她安慰我说："一切都会好起来的，我们会找到办法的。"

我回到楼上，终于忍不住崩溃大哭。我向上帝祈祷："请帮帮我和我的家人，我会帮你做你的事。我会让这个世界有所不同。"我永远不会忘记那种被平静包裹着的感觉。我相信发生这一切都是有原因的。

不惜一切

（凯瑟琳）

当你的家庭陷入困境的时候你会做出令人惊讶的事。乔恩和我把莫伊"正在开业"的传单贴在新餐厅附近的电影院的汽车上，还把菜单拿给当地商家。不用照看孩子的时候，我就帮他做宣传，同时也准备简历去找工作。如果情况没有很快好转，我就会去星巴克应聘，因为它能提供保险。

刚开始的时候，乔恩一直在餐厅工作，我做会计，负责管账。虽然我们是一个团队，但他情绪仍然不稳定，有时候充满希望，满怀期待，有时候却突然生气。他总是把他的消极情绪和压力都发泄到我身上。我们都快破产了，总是为了钱吵架。更不用说我还在生病，还要面对尚未确诊的乳糜泻。我还是觉得疲惫，关节疼痛，这次医生依然诊断不出来我得了什么病。

奇迹

（乔恩）

我压力很大，因为我知道如果这家餐厅倒闭了，我们就会破产，变得无家可归。我们把所有的金钱和精力都投入这个餐厅里，如果餐厅不赚钱，我们又没有积蓄，就会走投无路。这是我第一次失控,是我第一次屈服于上帝。就好像我的一切都被剥夺了,我只能依靠上帝。

  我的信仰就是从这里开始的。我每天都祈祷奇迹出现,而我的祈祷终于成真了。我们的餐厅在第一周就收支平衡了,这真是个奇迹!第二周我们也是收支平衡,而且一个欠我钱的老朋友突然把钱还给了我,我们也能还得起房贷了。第三周依然是收支平衡。我们已经吃厌了莫伊,但别无选择。最后我把莫伊的特许经营权卖给了一个人,并从中得到了一笔佣金,这笔钱就够还下个月的抵押贷款了。

  之后,一个不怎么熟悉的人突然打电话给我,问我愿不愿意与杰克逊维尔的一家公司见面,这家公司想了解无线技术。我告诉他我不知道这技术是怎么运作的,他说不需要你告诉我们它的运作原理,我们只是想知道怎么做它的买卖。这家公司给了我1.3万美元,让我做六个星期的咨询师,教他们售卖这项技术。

我简直不敢相信,这就是一份从天而降的礼物。这笔钱让我们给餐厅又多做了几个月的宣传,并开始在电台做广告。广告效果很好,生意也越来越多。在我们用完最后1.3万美元的咨询费来做宣传后,我们的餐厅赚到了第一桶金。从那以后,餐厅的生意也越来越好。

我本来想着,在我们开始赚钱后我能变得乐观,但我没有。凯瑟琳对我情绪波动的判断是对的。我经常感到压力大,也很消极。这时候我就会祈祷,感觉会好转一阵子。但当我面对餐厅出现的全新挑战时,就又会变成一个傻瓜。

我要离开他

(凯瑟琳)

不幸的是,我又感觉身体出问题了。我以为在亚特兰大关于隆胸的后遗症已经过去了。但我还是很疼,而且提不起精神。现在我有两个吵吵闹闹的小孩要照顾,还有一个不在身边的丈夫。我每天埋头苦干,祈求解脱,但乔恩一回家就会把事情弄得更糟。

有一天,我一边要管孩子,一边要处理餐厅的二十多件事。我尽力把所有事情都做完了,只剩下一件,我打算放到第二天做。我去杂货店买了东西,然后回家做晚饭——乔恩刚走进门就问我那件没做完的事。

我一下子就失控了,忍无可忍,我们俩大吵了一架。我当时就下定决心离开他。我告诉他我会不惜一切代价离开他,养活我自己和孩子。他怒气冲冲地跑出了房子。

他不停地给我打电话,最后我接了。我们试着好好谈谈,但很快又开始吵架。我跟他说,他一直是那么乖戾。他说这都是因为我,我让他变得乖戾。

听到这句话,我的心沉了下去,我已经没有斗志了。我哭着说:"哦,哦,好吧。那我们绝对不应该待在一起了。"然后我就挂了电话。这对我打击很大,如果我让某个人变得乖戾,我当然也不想和他在一起。

等我回过神来,乔恩就回来了,跟我说他很抱歉。他哭着求我留下来,发誓他会做出改变。

我知道他也有抑郁症。我跟他说得找人帮忙,但他想先试着自己解决这件事。我很怀疑,但他确实能够通过饮食、锻炼、冥想和祈祷来控制自己的情绪。

最后通牒

(乔恩)

凯瑟琳给了我最后通牒。我很高兴她这么做了,因为我需要它,是它叫醒了我。我看着镜子里的自己,我已经31岁了,但并不喜欢现在的我,我需要改变。我总是因为自己不开心而责怪她。

这不是别人的错，是我自己的错。凯瑟琳的最后通牒让我不得不反思自己的态度和行为。

最开始的几年，我抱怨我的妻子和孩子，我觉得他们妨碍了我，让我不能功成名就。杰德出生后，我没有把重心放在我的婚姻和家庭上，而是寻找机会去逃避。

我做了错事，一些年轻父亲在婚后前几年也会犯同样的错误：我有了外遇。我和其他女人有过几次亲密接触，这些事破坏了凯瑟琳对我的信任。虽然这些不是性关系或情感纠葛，但这些短暂的艳遇，让我被婚姻之外的女人分散了注意力。我并不以此为傲，但我也不害怕说出真相。

然而，那时候我不敢告诉凯瑟琳，直到几年后她才知道。我告诉她的时候，她从婴儿变到 60 岁的速度是我见过最快的一次。我们会在后面的章节中分享更多，这只是我们故事的一部分，也造就了今天的我们。

决定性时刻

（乔恩）

凯瑟琳的最后通牒让我迎来一生中最关键的时刻之一。从那以后，我才意识到，我之所以乖戾，其中一个原因就是我没有做我该做的事。我很生气，因为我有很多的故事要和别人分享，但我却因为自己的消极把它们压抑在心里。写作和演讲是我注定要做的两件事，现在我必须努力去做好。我要好好生活，完成我的目标。

我想要变得更积极一点，并开始寻找方法。我读到过一句话：你不可能同时感到压力和感恩。于是我开始每天一边散步，一边说我要感恩的事情，然后祈祷。我也推出了每周的时事通讯，在那里我会分享一个新的建议，来让大家变得积极。

我在莫伊遇到了一些顾客，他们会邀请我去他们公司演讲。我的第一个演讲是"细节决定成败"。对于愿意让我演讲的团队，我会让他们自由发言。随着时间的推移，我开始相信我真的可以把演讲作为我的事业。

最重要的是，我努力成为一个更好的人、更好的丈夫、更好的父亲。虽然距离完美还很远，但我进步了。

你必须愿意去改变
（乔恩）

我听很多离过婚的人说，配偶给他们下过最后通牒，但他们太骄傲了，不愿改变。在我看来，总有一天你会改变的。如果在第一次婚姻里没有改变，那么，如果你想拥有幸福的第二段婚姻，你就必须做出改变。如果你不反思，不解决问题，你会重复同样的模式和错误。如果你自己不改变，那什么都不会改变。

当你做出改变时，你就能把你们的关系变得更和谐。决定改变是我做过最棒的事，对我的妻子和孩子来说也是如此。我意识到，向好的方向改变并不需要太多的天赋或技巧，只要你有一颗为了自己和身边的人渴望做出改变，愿意做出改变的心。你必须正视自己的缺点，寻找改进的方法。在向好的方向做出改变时，你必须承受这一过程中的种种不适，你必须把别人放在首位，必须愿意为自己、为这段关系和家庭投入精力。

这就把我们引向下一章节，G-R-I-T 中代表投资的"I"。

第 3 章

I= 投资（Invest）

为了建立一段良好的关系，你不能让人觉得你们好像是两路人。你必须投入时间和精力，努力把夫妻变成互相扶持、彼此鼓励的团队。

投资而非消费

（乔恩）

在一段婚姻中，你可以是消费者，也可以是投资者。你可以为婚姻付出，也可以从婚姻中索取。在我婚后的前几年，我是一个消费者，只是索取我需要的东西。而当凯瑟琳需要我付出时间和精力的时候，我就会觉得不安。

现在我更专注于成为一名投资者。我不再把目光投向婚姻之外，而是不断为家庭付出，一旦我开始为我的婚姻做出投资，一切就都改善了。

我仍然忙着经营餐厅。第一家莫伊生意很不错，所以我们又开了几家，因为找融资者很容易。我每周都腾出时间来写作，不断努力，每天都以积极的心态来充实自己。

但即便如此，我还是抽出更多时间投入丈夫和父亲的角色中。我不再是这个家庭中缺席的一员。我不再把我的妻子和孩子视为一种负担和责任，而是意识到他们需要我的投资。这在当时并不是一笔大额投资，但以后就不一样了。

我仍然非常专注，也有动力把我的餐厅越办越好，同时成为一名作家和演说家，但我的思维模式和视角已经从消费者**转向了投资者**。

每当我洋洋自得或者心态消极的时候，我对自己的情况就会有更多的自我意识，能够阻止自己陷入不利情绪的旋涡。

我从来都不是完美的，我还有很多问题要解决。我有时还是会发脾气，每次孩子出了什么事，我还是会责怪凯瑟琳。当时我觉得她对孩子们的安全不够关注，现在回想起来，我才知道她是个伟大的母亲，只是我有点神经质。

有一次科尔发高烧，突然痉挛起来，凯瑟琳以为他快要死了，惊慌失措地给我打电话。她当时并不知道那只是癫痫。我急忙从餐厅赶回家。救护车送他去医院的时候，我对凯瑟琳大吼大叫，好像这是她的错。我就是个混蛋，虽然正在慢慢变好，但有时就是控制不住情绪。当孩子们在街上玩耍时，我会非常紧张。他们总是精力充沛，每次我们要去一些地方玩，我就非常紧张。因为我担心他们会受伤，和他们一起旅行对我来说就是一场噩梦。

我并不是突然间就变得更好了，而是循序渐进地改善。我还有很长的路要走，但我正朝着正确的方向前进。我确实想变得更好，但生活和压力有时会让我抓狂。

另一方面，凯瑟琳才是最终的投资者。那个阶段，她对我们的婚姻和家庭做出了更大的牺牲。

是的，我是在努力为我们创造美好的生活——一种不需要失去住所的生活——但她把自己的所有都给了我和孩子们，她是我们的坚强后盾。我有时充满斗志，有时消沉低迷，但凯瑟琳的精力和能量一直很稳定。

我当时并不能感佩她的无私。我们都太忙了，都想把这一切全部搞定。但现在我清楚地看到了她的付出，看到了她对我和孩子们的支持，以及她为了成为一个伟大的母亲和妻子所付出的努力。她值得拥有更好的一切。

不要计较得失
（凯瑟琳）

双方的付出并不总是相等的，明白这一点非常重要。有时你付出得更多，有时你的伴侣付出得更多。但凡事都有定期。例如，如果你的妻子有孕在身,你就会在那段时间里付出更多。如果你们中的一个人出差,另一个人就必须在家里付出更多。

刚开始和孩子们在一起时,我什么都做。带孩子上学、玩耍、做运动训练、看医生、做作业和做项目、付餐厅账单、打电话推销乔恩的演讲,等等。我并不是一直为此感到高兴,也不是一直面带微笑地做这些事,有时我会感到疲惫和痛苦。在那些日子里,乔恩一进门我就会说:"我不干了!"然后我会跳上我的车,去商场买一杯咖啡,逛一家又一家店——我需要休息一下。

乔恩当然也不总是乐在其中。我能理解,他忙完餐厅的事后,回到家时已经筋疲力尽了,但他还是会帮忙看孩子。以前不管我多忙,他根本不会帮忙,所以我们都在进步。但那对我们来说并不浪漫,反而很困难,很有压力,感觉就像我们在为生存而战。

这就是投资的真谛，它并非一直简单轻松。一个人可能在一个星期、一个月或一年里，付出的都比另一个人多。无论你做什么，都不要计较。如果你在一段感情中总是把彼此的得失分得很清，那么你们双方都会输。这是一种团队努力，你必须确保的是，在这些充满挑战的时刻，彼此要保持沟通。

这就引出了下一个重要的内容——沟通。

沟通，沟通，再沟通

（凯瑟琳）

人一旦空虚，消极的情绪就会包围他。

这是乔恩说的一句话，我非常喜欢。老实说，我认为他已经成了一个很好的沟通老师，因为他以前一点都不擅长跟别人沟通交流。由于他和我没有很好地交流，所以我们之间有很多空白。但我仍然坚持要和他好好沟通。

我总是鼓励他把事情说出来。当我问他出了什么事时，我不想听"没什么"这样的回答。如果他不想谈这件事，我也不会让他一个人待着（好吧，我可能暂时不去打扰他，但我总是会在之后去处理这个问题）。如果我不把某天遇到的糟糕事说给别人听，我是不会让这一天就这么过去的。上床睡觉的时候还在生气这种情况发生的次数，我一只手都能数过来。在那样的夜晚，乔恩会睡在沙发上，即使在这样的时候，我们也会先谈谈困扰我们的事情。

我们的意见并不总是一致，但沟通是必不可少的。这并不简单，然而这样做会让彼此有更深的了解。有时你肯定会觉得不舒服，想谈谈遇到的困难。如果你们对沟通觉得不自在，也可以找一个治疗师来帮帮你们。

在乔恩的《积极团队的力量》(*The Power of a Positive Team*)这本书中,他谈到了要成为一个更强大的团队,交流各自遇到的困难非常重要。在恋爱关系中也是如此。如果你们想要一起进步和成长,就必须谈论自己存在的问题和面临的挑战。忽视问题并不能让问题消失,它们会在内部溃烂,最终导致更大的问题、更严峻的挑战和不良行为,甚至会导致分手。

我们知道有些夫妻从不吵架,也从不谈论困难的事情。我想,我们让很多人甚至我们自己都感到惊讶的是,我们仍然在一起的原因是我们经常吵架。然而有几对没有这样做的夫妻已经离婚了。我相信这是因为我们总是把问题暴露出来,并且解决了它们。

当你用一束光照亮问题的时候,黑暗就会消失,你们彼此的关系就会更亲密。

期望带来的诅咒

(凯瑟琳)

沟通非常关键,这是因为当你身处一段关系中时,你会对对方的想法和行为抱有期望。如果你总是觉得另一半没有达到你的期望,或者你不能达到他对你的期望,你们的关系就会变成一场灾难。

我们最激烈的几次争吵都与期望有关。乔恩是 A 型人格,总是想把房子打扫得干干净净;而我是 ADD 型人格——如果我觉得事情很紧迫,我也很乐意去做。成堆的文件从视觉上提醒我需要做什么,需要给谁打电话。乔恩一吃完饭就会洗碗,但我喜欢先把我的碗放在水槽里(现在他仍然会马上洗碗,而我有时仍然会把我的碗放在水槽里)。乔恩是一个喜欢做计划的人,而我更加随性。他忧虑未来,而我为今天而活。他最快乐的事是独自写作,但我最喜欢和一屋子的朋友待在一起。在乔恩眼里，我不太做饭，也不太打扫卫生，对他觉得重要的事情关注得不够，但我已经尽力了。

乔恩回家后会问我一整天都在做什么（那一刻我一下子就从婴儿变成了60岁）。在匆匆过去的一天里，我甚至不记得我做了什么，我觉得我永远都达不到乔恩的期望。不要误会我，我很欣赏乔恩军事化的作息安排——他坚持每天按时起床、散步和锻炼。

我也想像他那样有条理，但我永远不会成为他那样的人。有时候我会跟他说，也许他需要一个像他那样自律的人。我跟他有点不一样，我比较随和，过得很悠闲，生活得也没有那么紧张。但之后他会道歉，我们也会一起谈谈这件事，都努力让彼此变得更好。直到几个月后我们又为了同样的事情吵架，然后再次继续交流和争吵。

这个循环持续了很长时间，但我们确实了解了对彼此的期望,并坚持下去,学会了一起工作生活。随着时间的推移,我们慢慢认识到了彼此之间的差异。

欣赏差异
(乔恩)

通常,我们最初是被对方的某一点吸引,而这一点恰恰会在今后交往时困扰我们。我遇到凯瑟琳时,喜欢她的随性和享受当下的心态。她就像一束光,那么开朗、有趣、快乐,总是在笑。我想成为凯瑟琳那样,所以我被她吸引了。

但当我们结婚生子后,我希望她变得更有条理、更专注、更注重细节,我想让她更像我。但她不是那样的人,我娶的人不是这样的。我们和别人结婚后,经常会想把这个人变成我们想象中的样子。

如果凯瑟琳不是那么坚强,我可能早就让她崩溃了，也会失去交往时独一无二的她。凯瑟琳会迷失自我、痛苦不堪，我们也肯定会离婚。

但她反击了，没听我的废话。她知道自己是谁。我可以选择离开，找个更像我的人，或者选择欣赏她和我的不同之处。

我经常想："我是想要一个整天在厨房做饭的人呢，还是想要一个爱我的和我爱的人？我是想要一个每天晚上都让孩子们准时上床睡觉的人呢，还是一个随时都能和孩子们在厨房里即兴举办舞会的人？"每次我心里都有一个答案。

这确实花了一段时间，但随着时间的推移，我开始欣赏凯瑟琳，欣赏她与我的不同之处。我学会期望少一点，欣赏多一点。我越这样做，就越能发现她给家里带来的欢乐。我意识到我有多需要像她这样的人。

如果没有她，我就是一个无聊消极的工作狂，面对着巨大的压力。有了她,我变得更好了。以前我想让她更像我,现在我很感激她选择了坚持自我。我很欣赏她的与众不同,现在我发现那确实是她的优点,而不是缺点。我的孩子们总是说,在他们成长的过程中,凯瑟琳是一位多么伟大又有趣的妈妈。

同一个未来,同一个目标

(凯瑟琳)

乔恩和我很不一样。读了他写的东西,我想起了我们之间的很多次争吵。我们的个性和对彼此的期望都很不一样,这些都需要我们努力克服。谢天谢地,有一件事对我们来说很容易,我相信这对维持一段稳定的关系至关重要。

我们的性格虽然不同,但我们对生活的追求是一样的。我们有同样看重的事,有共同的愿景,经历了共同的挑战和挣扎,我们都想拥有一段美好的婚姻。家庭对我们来说很重要,孩子们是我们关注的焦点。我们都喜欢美好的东西,但不追求物质,因为幸福比金钱更重要。一家人去度假,共度美好时光,比买一辆新车更重要。我们知道自己努力的方向,也知道为什么要这么做。我们是一个团队,想要培养优秀的孩子,于是我们一起努力实现了这一点。

你的目标必须远大于你所面临的挑战,你的愿景也必须远大于你所处的环境。如果你们对一起创造的未来有相同的愿景,也知道你们这样做的原因,那你们就会克服前进道路上的重重阻碍。

如果你不知道你的愿景和目标是什么,我希望你和你的伴侣一起思考,创造一个共同的愿景和目标。你们要想好准备一起创造什么,在这一过程中两个人也要经常交流沟通。

共同的纽带

（凯瑟琳）

在交往的过程中你们会有很多不一样的地方：不同的性格，不同的观点和期望，不同的爱好。比如乔恩喜欢看足球比赛，而我喜欢做瑜伽。由于成长经历和信仰的不同，你们可能在饮食、运动、政治、宗教信仰等许多方面有着不同的习惯和看法。

虽然欣赏你们之间的差异、拥有共同的愿景和目标都很重要，但你也要注意发现你们的共同点，找到你们想要一起做的事情。你们有哪些共同之处？让你们走到一起的纽带是什么？你要把时间和精力花在这些事情上。

尽管我和乔恩很不一样，但我们也有很多相同之处。我们都喜欢看电影，喜欢同一家餐厅，喜欢有机食品和健康饮食，都把锻炼和健身放在首位。我们有很多共同喜欢的人和事。我们对信仰和政治有着相同的理念。我们在育儿方面也有类似的做法。只有我们两个人的时候,我们也很喜欢在一起闲玩,经常笑作一团。乔恩知道怎么逗我笑,我们之间有很多只有我们俩才懂的笑话。

我知道我接下来要说的话会让乔恩脸红,但我们的性生活也是一种共同的纽带。虽然我们不是因为性才走到一起的,但我们一路走来,确实是它让我们的关系更紧密了。随着时间的推移,我们也对彼此的身体更加着迷。我想,这是因为我觉得他是支持我的,而不是反对我。他越是支持和鼓励我,他在我眼里就变得越性感。谁会喜欢总在打击你的人呢?所以不管生活中发生了什么,我们都会腾出时间进行身体交流。即使他出差回来晚了,我也因为孩子们而感到压力和疲惫,提不起兴致,但我仍然会努力配合,这真的帮我们建立了一种联系。

这就是为什么我总是鼓励女性朋友们和伴侣亲密接触!从生物学上来说,它是用来建立一种联系的。虽然它不应该是你们唯一的纽带,却是众多纽带中必不可少的一部分。

没有 B 计划

(乔恩)

当你做重大决定时,和对方沟通、一起寻找共同点极为重要。之前我和凯瑟琳谈到从亚特兰大搬到蓬特韦德拉(Pontevedra),我记得凯瑟琳说:"我们还年轻,有什么是不能失去的呢?一块儿试试吧。"在我们决定拿房子做第二次抵押、开第一家莫伊西南烧烤店时,凯瑟琳说如果失败了,我们就得重新开始,但还是试一试吧。我同意了,我们决定冒险一试。当我决定写作和演讲时,凯瑟琳也完全支持我。最终，我开了四家莫伊西南烧烤店，每一家店都有经理负责运营，还有一位总经理负责监管。我在负责市场营销的同时，也在发展我的演讲事业。

我从2002年开始做每周简报，拥有一些读者，很多演讲的机会来自这些读者还有之前的口碑。在接下来的几年里，我一直忙着做宣传，任何团队找我演讲我都会去。我记得有次我开车去西棕榈参加一个活动，但我到达时活动已经取消了，可没人告诉我，结果我当天就掉头回家了。我在当地商会会议、朋友的销售会议、妇女团体、汽车经销商、高中运动队、保险公司和房地产办事处以及当地学校都演讲过。

我在《今日秀》做了一个《今天充满活力》的系列节目，这对我来说是一个重大突破。我去看望父母的时候，遇到了高中时的朋友马克·拉思金（Mark Rathjen）。我无意中问他认不认识在《早安美国》或《今日秀》工作的人。他确实有，是他的大学同学。之后他把我的营销材料和我写的一本书寄给了她，她给我订了一个为期四周的系列节目。

我觉得我要飞黄腾达了，我要成为下一个韦恩·戴尔，我的书能卖出几百万册。

这个系列节目拍得很好，其他人告诉我要做好准备，因为我的生活即将迎来转机。这确实给我带来了一点儿变化，我收到了在不同城市、不同活动上演讲的邀请，这也帮我做了宣传。但除此之外，没有什么其他的事发生。有几周时间，图书销量一路飙升，但随后就放缓了。我并没有成为家喻户晓的人物，但我正在一步步接近我的目标，对此我非常开心。

另一方面，餐厅的经营让我耗尽心力。问题一个接一个地出现：有一次停电了，又有一次有人偷东西被抓住了,还有人旷工了……之后,有另一家特许经营商来到镇上,因为我没有买下我们这里的独家特许经营权,他就在离我不远的地方开了几家莫伊,开始跟我抢生意。

我坐飞机去俄勒冈州的波特兰市,在一场保险公司的活动上演讲,在这一刻我很感激有人出钱让我去演讲,让我能做我喜欢的事。但下一刻我想到餐厅,就觉得又累又沮丧。我拿起一本商业杂志,读了一篇文章,叫作《如何把握抛售生意的时机》。嗯,也许是时候把餐厅卖掉了。

我做了演讲,也很喜欢这次活动,我感觉自己充满了斗志。后来在回家的路上,我翻看另一本杂志,看到了一篇文章,题目是《如何在销售时为你的企业估值》。这是一个预兆,我知道是时候卖掉餐厅了。我觉得上帝给了我非常清晰明确的指示。

我回到家,给凯瑟琳讲了那些预兆,告诉她是时候卖掉餐厅了,我应该把全部精力放在写作和演讲上,时机正好。凯瑟琳提醒我,餐厅能养活我们的家,而我当作家和演说家并没有挣到多少钱。我一个月演讲好几次,有时候一个月能赚5000美元,有时候一分钱也赚不到。

我说:"我们会靠卖掉餐厅的钱生活,一直到我成为一名成功的演说家。"

她问道:"如果你不能成功怎么办?"

我告诉她:"没有其他选择。不会有B计划的。"

孤注一掷

(凯瑟琳)

乔恩说他想卖掉餐厅的时候,我真的被吓到了。我们一直在努力挣钱,现在生活终于稳定了,也很美好,我终于安心了点儿。我不想失去我们所拥有的一切,也不想再回到为钱争吵的日子。

不是我不相信他，只是我觉得演讲和写作并不是一个可靠的职业。听到他说我们可以靠卖餐厅的钱维持一段时间后，我感觉好多了。但我一直在想，如果他没能成功，我们该怎么办。如果在没有实现梦想之前，我们就花光了所有的钱呢？如果他不能以此谋生，我们该怎么办？

这件事的风险很大，但乔恩坚持要这么做。因为这是他的激情所在，他想为此而努力。所以在最初的震惊之后，我同意把房子卖了，为他的事业孤注一掷。乔恩问镇上的另一位特许经营加盟者的团队想不想买下我们的餐厅，谢天谢地，他们答应了。

他们做了详尽的调查。当时我们在最喜欢的地方之———波科诺山脉的伍德洛克松度假，乔恩接到电话，说他们想把买卖推迟几个月。这让我很不舒服，因为我们已经做好马上卖出的准备了。

乔恩已经把出售的事委托给他的总经理，他们已经做了很多准备，不能再拖了；推迟出售会对生意造成很大损失。我告诉乔恩，要给买家回个电话，告诉他们得按照预定的日期推进销售，不能拖了。买家同意了，几个星期后，我们正式把餐厅卖了。

2005年，乔恩摆脱了餐厅生意的负担，他现在是一名全职作家和演说家。但没过多久，最初的激动就消失了，他又变得害怕且紧张。

选择信仰

（乔恩）

卖掉餐厅的六个月后，演讲和卖书已经赚不到钱了。我的事业并没有像专家们说的那样一飞冲天。事实上，我的职业生涯似乎在倒退，一切停滞不前。我的存款足够支撑我们再过一年，但看着一大笔钱在六个月之后都花出去了，我还是被吓到了。我努力让自己保持积极的心态,但没有什么能消除我的焦虑和恐惧。

我的朋友丹尼尔·德克尔(Daniel Decker)曾和我一起做演讲,他给了我几张牧师布道的CD。一篇布道里说,耶稣是一位犹太圣者,年轻人选择跟随他、成为他的门徒是有原因的。另一篇是欧文·麦克马纳斯(Erwin McManus)的布道,叫作"我为什么追随耶稣"。这篇布道是发自内心的,有力量的,是真的在说给我听。

我母亲是犹太人,父亲是天主教徒,在这样的家庭里长大,我从不去教堂或寺庙,也从没想过耶稣。有人告诉我,耶稣是一位老师和先知,他从来没有探索过其他东西。现在我接触到了一个完全不同的故事和观点,它和我产生了共鸣。我做了一个简单的祈祷:"神啊,这耶稣若真的存在,若他真如自己所说的那样,求你显示神迹给我看。

我随时敞开心扉。"

那之后不久,我在哪儿都能看到一些信号。有一次我真的在路上看到了一个提示,虽然这种事发生得很频繁,但这一次真的很让我印象深刻。那次我开车去奥兰多做一个演讲,在我往左看的时候,我听到了"看"这个词,当我往右看的时候,我看到了一个巨大的广告牌,上面用粗体写着:"耶稣就是答案。"他的答案是什么呢?我也想知道。

然后在冥想的时候——我试着每天冥想——我看到了一个发光的十字架。听起来可能很疯狂,但这是真的。我在纽约长岛长大,我妈妈是犹太人,我爸爸从来没提过耶稣,我从来没有想过耶稣。但现在,我眼前出现了一个发光的十字架。

一周后,我拜访了一位名叫唐·范·弗利特(Don Van Vleet)的能量治疗师,他是佛教徒。我的胃和结肠有问题,他可以帮我看看。我告诉唐我看到了这些耶稣的神迹，问他对此有什么看法。他说："耶稣是上帝派来消除我们灵魂的痛苦的。"

"什么？！"

"基督徒称之为罪，我称之为灵魂的痛苦。如果你有这种灵魂的痛苦，那这就是沉重的振动能量。这种能量让你不能与一个完美的、和谐的、充满活力的神进行联系。耶稣拿走它是为了让你能和上帝联系。"

我问唐我能不能帮其他人解除灵魂的痛苦。

他问我："你能处理好你自己的痛苦吗？"

我知道答案：**我不能**。我觉得压力很大，又焦虑又害怕，无论我怎么努力，我都不能摆脱内心深处的紧张感，这种焦虑挥之不去。我尝试了所有现代的方法和精神疗法，但没有什么能缓解我灵魂的痛苦。

然后唐说："你看，我想看看我能不能像佛一样开悟。我想去做，并且靠自己去做。在耶稣那里，你要做的就是相信和接受。"

甚至在我写《能量巴士》之前，我就是一个能量迷。我认为一切都是能量，爱因斯坦用 $E=mc^2$ 这个公式解释得很清楚。唐的话对我来说很有意义，我相信上帝会减轻我灵魂的痛苦和负担，让我和他进行沟通。我相信上帝会让一切变得简单容易。人类杂乱无章，上帝却能做到简化一切。

我从那儿走出去，相信上帝会想要拯救我，我还说我要给耶稣一个机会。我并非什么都知道，我只是选择拥有信仰，也开始了一段可以改变一切的旅程。

当你做出改变，关系也会随之而变

（凯瑟琳）

乔恩告诉我他和唐的对话，我很感兴趣，因为这很新奇。让我们看看结果如何。

我在一个爱尔兰天主教家庭里长大,除了圣诞节、复活节,还有小时候跟朋友去教堂里过夜之外,我并不是教堂的常客。但我确实有一个信仰天主教的姑母,她完全忠于自己的信仰,在我成长过程中,她给我带来了非常积极的影响。从她身上,我知道了坚定的信仰可以让你成为一个好人。

乔恩现在谈论耶稣,这让我觉得很惊讶。这么多年来,乔恩希望我变得更像他,我也希望他做出改变,不是变得像我,而是像我们约会时那样善良、充满爱意。虽然这不是立竿见影的,但我注意到了一些微妙的变化。他变得更有耐心,他一直在读书,听很多布道,也更能理解我和孩子们。

我意识到,你可以希望别人改变,但你不能强迫他们改变。你可以给他们下最后通牒,但做出改变的人必须是他们自己。

　　自从我给他下了最后通牒,他进步了许多。但这次不同,他的心境发生了变化,这个本质是不同的。这个时候,我们的关系才真正开始改善。乔恩变了之后,我们的婚姻也变得更和谐了。

　　他的转变也会让我做出改变,这些我稍后再谈。但现在我只想说,如果你想改善你们的关系,首先要让你自己变得更好,这样你才会让你们的关系变得更好。

跳上能量巴士
(乔恩)

　　《今日秀》没有改变我的生活,我也没有一举成名,这都是有原因的。如果我成功了,我就不会成为现在的我——一个这样的男人、丈夫、父亲和作家。我觉得上帝利用了我生命中空闲的时间来塑造我。以前我总是只关心自己,现在我会更多地为别人考虑,并帮助和鼓励其他人。餐厅卖了,演讲邀请也不多,我有很多时间去思考、散步、祈祷和写作。时间慢了下来,世界也变得更加安静平和。这种感觉就像是面对久旱的沙漠,但我却想在此深深扎根。我的内心变得开放和包容,我的灵魂被治愈了。

有一天,我一边散步一边为未来祈祷。我在想,如果演讲和写作都没用,我该怎么办。我该找份工作还是重新创业?我想,也许我应该写个寓言。我喜欢读寓言,我的偶像肯·布兰查德(Ken Blanchard)也写过寓言,所以我可能也应该这样做。我想为别人带来力量和鼓励,就像那些书曾经鼓励我一样。我会写什么样的寓言呢?

突然间,我想到了一个点子:《能量巴士》!我要写一个寓言,讲一个巴士司机改变了一个乘客的生活，并教给他人生旅途的十个道理。这些道理给他的生活、工作和团队都注入正能量。我对这本书有了一个大致的框架，马上就回家里的办公室开始构思写作。

主角乔治是一个悲惨又消极的人，他是以我为原型的。巴士司机乔伊善良、积极、有爱心，也很坚强。她和其他一些人引导乔治走出低迷，变得积极乐观。我以前从没写过寓言，但是在神的启示下，我只用三个半星期就写完了这本书。我在棕树节接受了洗礼，那段经历，再加上创作那本书的过程，是我一生中最有灵性的时光。

我有一个故事的大致框架，但还没想到十个道理都是什么。每天我都会早起写作，然后散步、祈祷，有新的灵感的时候，就回来再继续写书。就好像每天都有人在慢慢给我讲这个故事，而我所要做的就是敞开心扉聆听，把它们写下来。这个过程既神奇又神秘,也很有灵性。

写完这本书后,我的经纪人把它寄给了出版商。尽管上过《今日秀》,但我上一本书的销量并不好,所以我收到了很多退稿通知,之后又收到了一些。和往常一样,凯瑟琳在这段时间非常支持我。她说:"他们并不是要出版这本书的人。合适的人会出现的。"

虽然我也赞同她的话,但我经常会怀疑它到底会不会发生。我觉得自己写了些特别的故事,但也许这只是我的妄想,也许这本书没我想的那么好。

那段时间真的很艰难,因为每次被拒绝之后,我都觉得我离梦想越来越远了,而且那时候我妈妈的身体也因为癌症而越来越差。我们不知道病情到底有多严重,因为她和爸爸没有给我们说太多,但癌细胞扩散得很快。

出了这么多事,还是没有出版商愿意接手我的书。在被拒绝了三十多次之后,我的经纪人告诉我应该放弃出版社,试着自己独立出版。在那个时候,独立发行并不像现在这样简单普遍,所以这不是一个好点子。但我不能放弃,我想要更多的人在这本书中找到力量,所以我一直希望着、梦想着、祈祷着它会成功。

最后,我接到电话,约翰·威利公司想出版这本书。虽然他们不能给我预付款,但可以在六个月后出版这本书,也就是 2007 年 1 月。我不在乎有没有预付款,我本来准备好了跟他们说不需要预付款的。我跟他们谈妥了,并急切地等待着这本书的出版。我妈妈在那段时间去世了,但我永远记得她读手稿的画面,还有她对这本书的喜欢。我把这本书献给了她,希望我能像妈妈爱我那样,爱我的孩子们。

《能量巴士》一出版就大受欢迎——但这发生

在韩国,不是在美国。在韩国,这本书是畅销榜的前五名,但美国没有一家书店卖这本书。我曾祈祷它能畅销,但我知道,这个祈祷必须要具体。

我必须得做点什么了。我跟凯瑟琳说要多去几个地方宣传这本书。她一如既往地支持我,让我把消息发布出去。我们决定去28个城市给这本书做宣传,凯瑟琳和孩子们先去洛杉矶,跟我会合后,在回东海岸的时候再去几个城市。

在去西海岸的路上,我沿途去了好几个城市,最后来到洛杉矶,凯瑟琳和孩子们坐飞机来接我。在西海岸,我们度过了愉快的家庭时光,处理了一些事,之后就告别了悠闲的城市旅行,开车回佛罗里达。那时候杰德9岁、科尔7岁,正是淘气的时候,两个孩子在福特汽车的后座上不停地打闹,后座上还裹着《能量巴士》的黄色宣传页。终于,凯瑟琳和孩子们再也受不了了,决定坐飞机回佛罗里达。

我则继续做宣传，去了其余城市，但每次只有10～50人参加活动。我开车的时候，丹尼尔·德克尔打电话给广播节目和早间电视栏目，让我上节目，然后告诉听众和观众我要做演讲和签售的地点，以此做做宣传。

我的大学同学吉姆·范·艾伦（Jim Van Allan）坐飞机到中西部来接我，这对我来说是件好事，因为在堪萨斯州和内布拉斯加州的时候，我生病了，这样他开车的时候我就能休息一会儿。在活动中我会坚持演讲，结束后回到车里继续睡觉。我们的观众最多的时候，是在奥斯汀的50人，还有得梅因的100人。

虽然这不是一次成功的巡回宣传之行，却是一次很好的考验，让我能够真正实现我的使命和愿景——尽我所能鼓励更多的人，哪怕一次只有一个人。在一些城市里，我的听众只有5~10人，我倒是真的鼓励了每一个人。当我和别人面对面的时候，我才真正学着用自己的力量有所作为。

这个过程并不光鲜，我没有大平台来做宣传。我得驱车数千英里（1英里=1.6093千米），住廉价旅馆，在堪萨斯州忙到呕吐，在内布拉斯加州发着高烧，却仍然鼓励和帮助来听我演讲的人。这是在履行我当时的承诺，就是被互联网公司辞退时所做的承诺。我求神供养我和我的家人，说我会帮他做事。我觉得这是他想让我做的事情，我也全身心投入了。

和家人团聚后，我又独自忙了三周，之后就回家了。因为想家，我感觉疲惫不堪，狼狈又难过。我走进门那一刻就倒在了地上，哭着看着凯瑟琳来拥抱我。我不知道我的未来在哪里，但我从未如此清楚地知道,只要有凯瑟琳和孩子们的地方,就是我的家。家并不仅仅是一所房子,一个地方,而是我爱的人和爱我的人。凯瑟琳把我抱得更紧了。

当一个人给你力量的时候,你就知道你是和对的人在一起。凯瑟琳给了我力量,陪我度过了这一段艰难时光。如果没有她,我不可能完成这项工作,也不会坚持这么久。

支持而不是束缚

(凯瑟琳)

乔恩变了很多,我见证了这个过程。我知道他的目标很纯粹,他从一个自恋自私的人变成了一个乐于助人的人。他受到鼓励去做正确的事,我因为他的转变而支持他。

当然,虽然他离开了这么久,但我却并不为此而生气，我也不想妨碍他的事业。作为一名海军的女儿，我的父亲经常被派去执行任务，很久不回家。然而，我和乔恩都知道，巡回宣传之旅和参加演讲活动并不能与军事任务相提并论，也不能和军人的征程相比，但我们俩都把他的工作看成是一种使命，而我则把鼓励和支持乔恩当作我的工作。

我知道有些女性因为担心丈夫事业有成后会抛弃自己，所以她们会让丈夫止步不前。她们会因为不安而跟丈夫说"跟我待在一起"，而不是"去做你该做的事"。妻子不支持丈夫，而丈夫也不能自由地为自己和家庭做他需要做的事情。从长远来看，这对双方都没有好处。

我并不是说如果你的伴侣有一个不切实际的想法，你也觉得不可行，这个时候你也得说："当然，去做吧。"就像一架飞机，有机长和副机长，可以通过沟通来避免某一个人的错误，你也可以通过一起讨论来避免大的过错。

但我想说的是,你不应该因为自己的恐惧和不安而不支持你的丈夫,他也不应该让自己的恐惧限制你。

乔恩之前有一件事做得很正确,他鼓励我放下我讨厌的销售工作,去做表演。因此,我拍了一堆商业广告,演了一部戏,做了一套单口喜剧节目,实现了我在生孩子之前的梦想。他以前支持我,现在我也支持他。

不要限制彼此的潜力,在你们成为最好的自己、一起追求你们的目标和梦想的时候,要互相支持。

鼓励而不是竞争

(凯瑟琳)

为了一起追求目标和梦想,你们需要互相鼓励,而不是互相竞争。

我觉得多数夫妻会面临一个挑战，就是他们相互竞争，而不是相互支持。他们没有我之前所说的共同的目标和使命。他们是两个独立的人，而不是一个团队。

我认识一些夫妻，他们互相比赛着减肥。如果对方减得更多，他们就会嫉妒，而不是为另一半高兴。如果一个人正在健身，在健身房挥汗如雨，另一个人就不喜欢这样。我还认识一些夫妻，他们会为了谁的工作更重要而争论不休。

有自己的目标和梦想是可以的，但是它们必须有助于你们夫妻实现共同的愿景和目标。如果你们相互竞争，就不会产生稳固的感情。只有你们互相支持、互相鼓励，你们的感情才会更稳定。你们不能是两个独立的团队，必须是一个团队。

"4个C"原则

(乔恩)

我很喜欢凯瑟琳的话,我觉得用"4个C"原则来结束这章很合适。这些年来,我犯了很多错误,也从中学到了很多。现在我和很多团队一起工作,帮助他们改善彼此的关系,以此为基础,我写了《积极团队的力量》这本书。后来我听说他们不仅把"4个C"原则用在工作中,也用在了他们交往的过程里。所以重新总结一下,分享给大家,我想会很有帮助。

事实上,要拥有一段美好的感情,你必须在这段感情上投入时间和精力,你们必须成为一个团队。"4个C"原则是一种简单、实用且强大的方法,它可以帮助你做到这一点。

第一个C:交流(Communicate)

良好的沟通是每一段关系的基础。

不幸的是，很多人在交往时都存在沟通不畅的问题。缺乏沟通会让两个人产生嫌隙，而一旦产生嫌隙，消极的情绪就会乘虚而入。我们必须花时间经常交流，以填补空白。

就像凯瑟琳之前说的，你必须沟通，沟通，再沟通。在这个充满事务、压力和干扰的世界里，沟通变得越来越困难，我们的关系也因此受到了影响。这需要更多的时间、精力和努力，但是当你放慢脚步交流时，你就能建立更牢固的纽带和关系。

如果你们在一开始就有困难，可以一起去找咨询师。有时候我们需要一个老师来引导我们慢慢进步。咨询师可以帮你和你的另一半学会如何更好地沟通。

第二个 C：联系（Connect）

沟通是建立信任的开始，而联系则是建立信任的纽带。你并不只是在沟通，而是通过沟通来建立联系。

联系是至关重要的，因为没有联系，你永远不会有承诺。如果你想要一段稳定的感情，你必须花时间和对方进行沟通。一些情侣通过每周一次的约会之夜来联系，也有情侣一起吃晚餐，聊聊这一天发生的事。凯瑟琳和我晚上一起散步，这是我们俩产生联系的方式。我们还做了一些其他的事情，下一章会分享给大家。

关键的一点是要 找时间进行有意义的对话。对彼此敏感一点，告诉对方你的挣扎和恐惧，倾听对方的声音，相互支持，努力让对方感觉到你的关注。做到这些以后，你们就会建立起一种信任的纽带，以及心理和情感上的安全感。如果一个团队拥有心理和情感上的安全感，那么团队里的人对彼此会产生更大的责任感，婚姻也是如此。

第三个 C：承诺（Commit）

当你们相互联系时，你们会对彼此更加忠诚。但是忠诚也需要你积极的承诺。

承诺意味着什么？它表示你尊重你的感情，这也是我之前没有做到的。我之后会再聊聊这件事。它意味着你们要帮助对方，这也是我在婚姻中一直做不好的事。凯瑟琳一直都很忠诚，但我花了很长时间才明白忠诚的真正含义。我会在下一章分享我最终是如何学会忠诚的。

承诺也意味着，有时你要做出自我牺牲来维护这段关系。这可能意味着一些大的事情，比如因为另一半的工作，搬到一个你不喜欢的新城市；或者一些小的事情，比如和你的妻子去参加一个活动，而不是去看你很想看的比赛。这也意味着，当你的另一半想要与你分享某件事、让你帮忙或者索求爱意时，你要把自己的时间和关注给予对方。

事实上，心理学家约翰·戈特曼（John Gottman）和贾妮丝·德赖弗（Janice Driver）的研究表明，如果情侣之间经常花时间满足、尊重另一半的要求，他们更有可能一直在一起。这一切都是因为他们愿意为彼此花时间和精力。

第四个C：在乎（Care）

你之所以会花时间和精力去沟通、建立联系并做出承诺，是因为你在乎。如果你不在乎，你就不会投入精力或者做出承诺。

在一段和谐的婚姻中，夫妻会更关心彼此的关系，所以他们把一切都给予对方。他们会不惜一切代价来改善他们的关系，而不只是走过场。因为他们在乎得更多，做得更多，付出得更多，并且改变得更多。

区分一般的关系和良好的关系，只要看看他们是不是关心彼此就行了。我们经常因为忙碌和压力而不去关心我们应该关心的人，包括我们的伴侣。关键的一点就是要找到实用且有意义的方式来表达你的关心。我和凯瑟琳会在下一章分享一些想法，都是关于共同投资的。

第 4 章
T= 一起（Together）

如果你可以经受住关系的磨砺，
就不会在遇到困难时放弃。
你们会一起努力，为你们的关系共同付出，
并且在这个过程中一起变得更加强大。

更深刻的事

(凯瑟琳)

那是在 2010 年 2 月,我和乔恩的婚姻生活挺不错的,但并不是很美满。我们有很多事做得挺好,选择了一起成长,而不是分开。但因为当时的生活状况,我们没办法花很多时间来建立更深层次的联系。他经常出去演讲,回家之后我们俩就像一般家庭那样,陪着孩子一起玩。这不是一件坏事,当时的情况就是如此。那时候我们以为我们很幸福了,直到后来我们才知道错过了什么。就像吃了一块蛋糕,你觉得很不错,但是直到你吃了一块更美味的蛋糕,你才意识到上一块蛋糕仅仅是不错罢了。

我们应乔恩朋友的邀请,参加了一对夫妇在佛罗里达州那不勒斯举办的 FCA(基督教运动员联谊会）周末活动，那里有很多演说家，有美妙的音乐，也有空闲时间供大家一起打网球，我们玩得很开心。刚到不久，我就扭伤了背，连走路都疼。所以我们只能取消所有计划，包括一起打网球、锻炼和骑自行车。这感觉就像我们被迫放慢了脚步，什么都不做，只是待在一起。第一天晚上，我们听了演讲和敬拜音乐，认识了一些很棒的夫妻朋友，也做了祈祷。

乔恩花了很多时间来研究基督教，说实话，我没有花很多时间在我的信仰上。他会读不同的文字给我听，讲他听过的一些布道。他分享这些给我的时候，总是让我觉得很有意义，而且他讲的时候充满爱意。但我并不是想以此来增长知识，也不是为了让自己成长。

第二天晚上，当我听到安妮·格雷厄姆·洛茨（Anne Graham Lotz）的演讲时，一切都变了。

她是比利·格雷厄姆（Billy Graham）的女儿，给我们分享了她的见解，是关于上帝和他的爱对我们的重要性。听到这儿，我就开始哭，然后演变成无法克制、停不下来的痛哭。就像是打开了水龙头，我所有的恐惧、负担和痛苦都倾泻而出。那是我一生中情感最强烈的时刻之一。

从那以后，我觉得自己更包容了，和上帝联系更紧密了，与乔恩也更亲近了。我无法解释为什么会发生这种事。我觉得上帝让我敞开了心扉，净化了我的灵魂。在那之后，我与上帝有了更深、更亲密的联系，这为我与乔恩之间的联系做了铺垫，让我们更加亲密。

欲得果实，先固其根

（乔恩）

凯瑟琳开始哭的时候，我听到了那句话："你以为你来这里是为了你自己?你是为她而来的。"

我想要参加这个 FCA 活动,其中一个原因是想接触到 FCA 的领导们,并与他们邀请的一些很棒的演说家见个面。我读过他们的书,也喜欢他们的见解。我恰好刚刚写完《训练营》这本书,FCA 的一些朋友读了这本书后说,这对全国的教练来说都很有帮助,所以我以为我们是在这里等待这些好机会的。但是当凯瑟琳开始哭泣的那一刻,上帝告诉我,我们到这来是为了凯瑟琳:为了让她和上帝有更深层次的联系,为了让她和我更加亲密。我不是为了自己才来这里,而是为了凯瑟琳,为了我们俩。

关系磨砺不是偶然出现的,而是当你们一起投入一段感情时产生的。这里的关键词是"一起",因为靠一个人是不可能完成投资的,双方必须都参与进来。

在这之前，凯瑟琳和我的感情只能说是不错。她对婚姻的付出比我多，而我对上帝的投入比她多。但当我对我们的感情投入更多，而她对上帝的感情投入更多时，我们之间的关系就从"不错"变为"很好"了。如果把一段美好的关系比作果实，把一段关系中真正重要的事比作"根"，那么我们都必须先固其根，在关键的地方投资，才能收获想要的果实。

这一章我会把 G（上帝）-R（坚定）-I（投资）-T（一起）结合起来。当你把上帝当作你们感情的中心，并下定决心在一起，为你们的关系付出，这个时候，你不仅经受住了关系的磨砺，也创造了一段独一无二的关系，它包含了**超乎想象的爱与快乐、亲密与忠诚**。讽刺的是，我在差点毁了自己的婚姻之后才明白这些道理。

清理杂草

（乔恩）

2010年，我们在那不勒斯待了一段时间，几个月之后，我在写作和演讲上这么多年的付出终于有了回报。2007年，在我为我的书做巡回宣传时遇到了一位校长，他邀请我到他的学校演讲。在这之后，我开始收到很多学校的演讲邀请。我遇到了一位公司领导，他邀请我去他们公司演讲，之后就有很多公司也开始请我去演讲。当时美洲虎队的主教练杰克·德尔·里奥（Jack Del Rio）邀请我给他们的队员演讲，然后就有很多运动员团体向我抛出橄榄枝，邀请我去演讲。我"一次鼓励一个人"的方式让我的平台不断扩大，影响力也迅速提升。我接触到了更多的人，了解到了更多人的生活。我的写作和演讲事业如日中天，一切都如我所愿。

我和凯瑟琳的婚姻生活也在慢慢变得更好，但我知道有些东西在阻碍我们。我一直觉得有必要告诉她我以前的不忠行为。我觉得我应该告诉她，并不是出于内疚，也不是因为我觉得这会让我感觉好点儿。我其实不想告诉她，但我一直觉得我必须告诉她，因为我知道这会阻碍我们的关系更进一步。

我不知道更深一层的亲密关系是什么样子，但我一直有这样的想法：如果你们对彼此有所隐瞒，那么你的婚姻就不会幸福。这就好像是树根处长了一些杂草，你必须把它们清理掉。

我和一个朋友说，我觉得是上帝在鼓舞我告诉凯瑟琳。他说我又没有跟别人发生性关系，不需要告诉她。但我知道他是错的，上帝是对的，我需要向凯瑟琳坦白。

有一天在海滩上散步时，凯瑟琳谈起她的几个离婚的朋友，我说："我得告诉你一件事。"也许这不是最好的时机，但我还是脱口而出，告诉了她全部真相，也只有真相。

  我觉得这事不会困扰她的，因为那是十多年前的事了，但天哪，我错了。我从没见过她这么快就"变到60岁"，先是哭，又觉得被背叛，最后非常愤怒。她不想和我说话，转身就走。我那时候觉得我们的婚姻可能就此结束了。

残忍的真相

（凯瑟琳）

  乔恩告诉我的这件事犹如当头一棒。当时我正跟他说我的朋友们是怎么离婚的，告诉他我有多害怕离婚，然后他就用这件事狠狠地打击了我，让我想立刻就跟他离婚！

  我从没想过他会做出那样的事。我知道他是个混蛋，但我从没想过他是个会出轨的混蛋。我又生气又伤心，一下子觉得我和他在一起的整个生活都是一个谎言。他的坦白激起了我所有的恐惧和怀疑。我想报复他，我要背叛他，让他尝尝我的感受。我希望有一个人看着我，就像乔恩看着其他女人那样。

乔恩想和我谈谈，但我连看他一眼都做不到。他给我解释，说他早就不是以前那样了。他谈到了以前在我们的困难时期发生的事，以及他是怎么改变的。尽管我知道他说的是真的，但在那一刻，其他一切都不重要了，那一刻他就是个大骗子。他说他并不为自己的过去感到骄傲，但他知道，过去的经历成就了今天的他，为他的写作和演讲之路做好了准备。他为自己年轻时所做的事感到羞愧，他永远不会再做那样的事，也因此变得更优秀、更强大。

虽然这一切都很好，但我还是无法接受他会那样对我。我的心碎了，我的自尊心受到了伤害，对他的美好印象也粉碎了。我马上要加入离婚朋友们的队伍了。

特别的祈祷

（乔恩）

几天后，我得出差，去一个活动上发表演讲。当时我要面对人生中最艰难的挑战，在这个时候做一场关于积极心态、克服挑战的演讲，对我来说也很具有挑战性。但我的经历却让我的演讲更加有信服力和力量。

我坐在回家的飞机上，感到疲惫和低落。经历这一切让我感觉很奇怪，那个不忠的男人已经彻底变了一个人。新约说，当你把生命献给耶稣，你在基督那里就成为一个全新的人：旧的那个你消失了，而新的你出现了。

对于那些不信基督教的人来说，这听起来可能很奇怪，也可能很难理解，但是那些和我有相同经历的人——我遇到过许多有相同经历的人——知道你确实会变成一个不同的人。这不是自我感觉良好,或者为了美化自己过去所做的事情而在脑海中编造出来的东西,也不是一张免罪卡。这是一种精神上的转变,很难用逻辑来解释。你是**由内而外都发生了变化**的。事实上,我年轻时认识的朋友们可以证明我现在是多么的不同。

我真的觉得以前的那个人根本不是我,现在这个人才是我,我也在为那个年轻愚蠢的家伙所做的事买单。我这么说不是为了推卸责任,也不是为自己的行为找借口。不管你改变了多少,你都要为过去的行为承担后果,而我也必须这么做。我只知道当年做那件事的人不是现在的我,我一直相信人们可以变得更好,因为我已经做到了。

所以当我坐在飞机上靠过道的座位上时,我和坐我另一侧的人真情实意地聊了聊。我告诉了他我和凯瑟琳的事,他不知道我是谁,但他很聪明,也很乐于助人。他告诉我,他和他的妻子每天晚上睡觉前都会一起祈祷,这给他们的婚姻生活带来了很大不同。这个想法太妙了,我一下子想到我和凯瑟琳也需要这么做。他跟我说了他的祈祷内容,但又说我和凯瑟琳也应该想出属于我们自己的祷告。

第二天早上凯瑟琳还是不跟我说话,我请求上帝赐予一个祷告,让我和凯瑟琳一起祈祷。"砰"的一声,那一刻我突然想到了祷文,然后立刻把它写了下来:

主啊,我们邀请你加入我们的婚姻。让你爱我们,治愈我们,保护我们,让我们可以团结在一起,更加坚强,一起成长,一起为你做事。

那天晚上,我和凯瑟琳躺在床上时开始祈祷。

她还是不愿和我说话，对我视而不见，但我知道这个祷告是为我们准备的。第二天晚上我也这么做了，第三天晚上也是。不管她听不听，我都一直这么做。

原谅

（凯瑟琳）

乔恩一直在道歉，他也承认自己的错误。但我还是不想和他说话，所以他在咖啡机旁边给我留了张字条，因为我早上第一件事就是去用咖啡机。他前一天晚上还把字条放在水槽边，也在我车里的方向盘旁边留了一张。

然后在晚上睡觉前，他开始念这个祷文。他想抓住我的手，但我抽开了。我太生气了，最开始捂住了耳朵，但他一直在说。有天晚上我真的听到了，也记住了这句话。之后几天的晚上，我真的在脑子里做了祈祷，但我不想大声说出来。直到一天晚上，我伸手握住他的手，跟他一起大声祈祷。我想在那一刻，我选择了原谅他。

我很受伤，但我也爱他。我很生他的气，但我也不想和他离婚。他现在变了很多，我们一起成长了很多。我不想让这种痛苦持续下去。

为了摆脱痛苦，我知道我需要原谅乔恩。这不是一件容易的事。我和两个兄弟一起长大，这让我变成了一个战士，如果你伤害我，我就会反击。但你不能对一个一直向你道歉的人挥起拳头，何况他是真心为自己所做的事感到抱歉。

所以我没有揍他，而是原谅了他，这对我们来说是最好的。我们的婚姻原本处于一个一般的等级，但在克服了伤害、用心交谈、摆脱痛苦之后，我们之间的关系得到了升华，变得更加亲密，也更爱彼此。是祷告起了作用，是上帝治愈了我们，让我们变得更团结、更坚强。

你坦白的事，上帝会帮你遮羞

（乔恩）

在这段时间里，我学到了很多，但最重要的一课是，如果你隐瞒了丑事，它最终会被发现。我们在新闻里经常看到丑闻最终大白于天下。你只能暂时把它隐藏起来。但如果你自己揭露它，上帝会用他的仁慈把它掩盖起来。这是一个共同疗伤和成长的机会。

在这种时刻，我和凯瑟琳之间不再有任何秘密了。秘密显露出来，神用仁慈遮盖，我们也因此变得更加坚强。

一则契约

（凯瑟琳）

乔恩向我坦白后，过了几周，有次我们正在散步，他说有事要告诉我。我想："又来了。"但乔恩这次说的是件好事。他读到人与上帝的立约，觉得我们也需要与上帝一起立约。他说婚姻誓言是属于我们之间的，但契约是属于我们和上帝之间的。

我们一边散步，一边做了一个约定：我们会在余生对彼此、对上帝忠诚。这对我来说很容易，因为我一直都很忠诚。乔恩说这对他来说也很容易，因为他已经忠诚多年了。

但这不是一个简单的问题。契约的意义不止于此，是让上帝成为我们婚姻的中心，邀请上帝参与到我们的婚姻中，让我们的婚姻变成神圣的结合。

当时我并没有意识到这对我俩和我们的关系会产生多少影响。圣约和夜间祷告把我们联系在一起，也把我们与上帝相连。我们变成了三股缠绕在一起的绳子，难以分开。

我知道，对于一些不信神或宗教的人来说，这听起来可能很奇怪，但契约和祈祷是我们做过的两件最有用的事情，从那以后，我们在很多方面都能一起成长。

不管是上帝给了乔恩指示，或者是乔恩灵光乍现想到了这个祷告，或者是他冥冥之中知道他应该做什么，你可能都会觉得很奇怪，但这就是事实。他的书大约需要三个星期才能写完，但他突然有了一个点子。他一边散步，一边祈祷，一边倾听，书就这么自然而然地写完了。然后他和其他人分享这些想法，让数百万人从中受益。他知道自己并不特别，只是很包容，他知道他是为了让人们的生活有所不同。

我们写这本书也是出于同样的目的。我们相信这些方法对你自己、对你的人际关系都有帮助。我们也相信，如果你敞开心扉，邀请上帝参与到你和别人的关系中，你也会像我们一样发生巨大的变化。

"5个D"

（乔恩）

回顾过去，我知道了"三股绳式婚姻"的力量和重要性。我也知道我们是如何紧密联系在一起的，是如何彼此沟通团结来战胜内心和外界的挑战的。事实上，如果你们没有紧密团结在一起，那么就会不断出现负面因素破坏你们的感情。你要知道这个道理，也要明白这些负面因素是怎么产生影响的。你们得找对方法，团结起来，共同成长，一起克服这些负面影响。下面是我发现的"5个D"，如果你放任它们不管，这"5个D"就会破坏你们之间的关系。

第一个D：歪曲（Distort）

消极的想法是存在于你脑海里的一种谎言，但它们并非来自于你。我怎么知道的呢？因为你永远不会主动产生消极的念头，它们是自己突然出现的，然后歪曲事实。它们告诉你，你配不上你的伴侣，你们的感情不会长久；它们告诉你，如果你的另一半真的了解你，就不会再爱你了；它们告诉你，你的未来是没有希望的；或者告诉你有另外一段更好的感情、更好的人在等着你，他或她会给你更多的关心，而这个时候你真正的另一半正忙着工作或者照看孩子。

第二个 D：泄气（Discourage）

这些谎言会打击你，让你觉得自己没有价值，觉得一切不会好转，你的未来毫无希望。它们让你想要放弃。我发现我们不会因为困难而放弃，我们放弃是因为我们感到气馁。这些曲解（谎言）使我们沮丧，让我们感到挫败，然后不再为这段关系而努力，最终，我们放弃了。

第三个 D：怀疑（Doubt）

谎言和沮丧会让我们产生怀疑，不再相信我们的伴侣，也不再相信自己或上帝。我们会怀疑两个人是否应该在一起，怀疑和这个人在一起会不会幸福。我们会怀疑两个人在一起会不会有美好的未来，也会怀疑在一起的决定是否正确。

第四个D：分心（Distract）

当你受到打击产生怀疑时，你会更容易分心。你看着那些表面上很吸引人的东西，然后去接近，做出错误的选择。或者你也没做什么坏事，也许你只是被一些事情分散了注意力，让你逃避了最重要的事情，比如改善你们的关系。正如这句话所说的："如果魔鬼不会让你变坏，那他就会让你忙起来。"他会让你把注意力放在那些不重要的事情上，而不是去关注真正重要的事情。这也会导致不好的结果。

第五个D：分裂（Divide）

当真相被扭曲，你相信了谎言，受到了打击，变得多疑、心烦意乱，就会导致离心。你们的精神、情感和心灵彼此分离，你会觉得自己跟伴侣、跟上帝断开了联系。这种离心通常会导致第六个D，也就是离婚（Divorce）。在团队工作中，它会导致失败，因为一个离心的队伍是无法立足的。这个世界上的消极因素让我们彼此分离，最终破坏我们的关系。但好的一点是，一旦你理解了游戏的规则，**你就能赢**。当你看到"5个D"出现了，你可以对它们进行反击。

与其听信谎言，不如看穿它们的真正面目，并且把真相告诉自己。当你感到沮丧时，你可以鼓励自己和伴侣，你们可以一起聊聊你们的未来、希望和梦想，并将它们铭记于心。当你感到怀疑时，你可以相信你的另一半。你可以在你们的关系上信赖神，也可以彼此信赖。

对我和凯瑟琳来说，这就是契约强大的地方。

当你发现外界的诱惑让自己分心时,你可以把注意力集中在最重要的东西上——你们的关系。不能任由"5个D"使你们离心,而是要利用我们之前分享的"4个C"来增进团结。你们要进行真诚坦白的交流,让真相永存,谎言就不会滋长。彼此联系,彼此关爱,对彼此做出承诺,表现出你们对对方的关心。

你可能想知道该怎么做,这也是我和凯瑟琳想和大家分享的。除了祷告和契约之外,我们之间的一些经历就是最好的例子。

互相赞美

(凯瑟琳)

我经常夸乔恩,说他英俊高大,是我的真命天子。我塑造了他,我让他知道,我觉得他是世界上最伟大的人。我夸他聪明,工作努力,有爱心,是一个很好的丈夫和父亲。我觉得我在向他灌输他很伟大的思想(如果你有孩子,这么做也很不错)。

但是乔恩不太会修理东西。他也承认这一点,这不是他的强项。我没有抓住他的缺点不放,也没让他觉得不舒服。我能很快把东西修好,也没有因此而为难他。虽然我本来可以揪住这点不放,但那么做又有什么用呢?

我看到很多夫妻吵架时,他们当面互相诋毁对方,在朋友面前也是这样。你会觉得他们是敌人而不是伙伴。

请别误会,我们吵架的时候,我也会向乔恩发火,有时候也会向我的朋友们吐槽一些他让我反感的事情。但这不是经常性的,我并不是一直在说他的坏话,大部分时间我都在关注他的优点,赞美他,鼓励他。

如果他瘦了,我会表扬他。如果我看到他和我们的女儿在后院玩长曲棍球棍,我就会告诉他,他做这些太棒了。我甚至在不想夸他的时候夸了他。有一次,他在去机场前西装革履地走进了厨房。他看着很帅,我心里突然冒出一股嫉妒(当然,这是因为那时候我感觉自己状态不太好)。但是,我不是什么都不说,更没有说一些刻薄的话。我告诉他他有多帅,他就会咧嘴大笑起来。这让他在出发之前感觉很棒,而且让他变得很有活力。

你想和谁在一起呢?是那个总让你伤心落泪,让你觉得自己很失败的人,还是那个让你充满自信的人?

关注对方做得好的事

(乔恩)

凯瑟琳确实帮我树立了信心,她让我觉得我简直能征服世界。而且她经常比我更相信我自己，也让我更相信生活的美好。

在《一分钟经理人》一书中，肯·布兰查德谈到了这样一件事：你越是表扬某人做的正确的事情，他们就越容易把事情做好。这一观点也适用于商业和体育运动中，同时，既适用于孩子，也适用于伴侣。我们经常关注别人做错了什么，关注他们的弱点，而不是长处。我们总是告诉他们有些事情可以做得更好，而不是表扬他们做得好的事。

当然，有时我们需要提出别人的一些问题，来帮助他们改正。这个时候，交流就显得有点儿困难。但对于大多数人际关系来说，我们需要更多积极的互动、表扬和鼓励。

以前我只会注意到凯瑟琳把某一件事做错了，而忽略很多她做得很好的事。如你所见，这就是灾难的开端。但随着时间的推移，我学会了更多地赞美她，关注她做得好的事情。我告诉她，她很美、很坚强。我让她知道，没有她我不可能做到这一切。以前，她的 ADD 型性格让我很烦恼，但现在我发现了她的天赋和创造力。

看到凯瑟琳开始在社交媒体上或者面对面地给其他女性分享经验，我告诉她：她是一位比我更优秀的作家。

有趣的是，你越赞美你的伴侣，你就越喜欢她，你也就越喜欢自己。赞美你的伴侣，关注对方做得好的地方，就像一个回旋镖，它也会把积极的情绪带回到你身上。

让她做你的女王
（乔恩）

我妈妈是 20 世纪 70 年代的职业女性。我遇到凯瑟琳的时候，她是做销售的，一路走来，她帮我处理了很多生意上的事，她自己也打理着一些房产。我女儿也非常独立，而且意志坚强。所以当我说让你的伴侣做你的女王，我希望你知道我不是沙文主义或老派人。我相信同工同酬，也相信女性是出色的领导者。我和很多女性团队和机构交流过，所以知道她们特别活跃。

我演讲的时候说过，虽然在工作中我可能会领导一个团队，也会教很多人怎样成为一个称职的领导者，但在家里，我是第二指挥。事实上，我女儿在家时，我就是第三指挥。所以我说的"女王"指的是一个**拥有最大权力和权威**的女性领导者。

如果你见到了英国女王，你会特别对待她的。我相信你对待另一半也是这样。作为一个男人，我们有责任称赞她、珍视她、尊重她，像对待女王一样对待她，给予她应有的尊重。

甚至在我们刚结婚的时候，尽管会有争执、有怀疑，我也会有负面情绪，但我还是试着把她当女王一样对待。我们买了新车，我会让她开，而我开旧车。我一有能力就买了保险，以确保我死后她能得到照顾。每一个重要决定都是我先跟她说的，我的许多书都是为她而作。旅行的时候我被升到了头等舱，但我把位子留给凯瑟琳，自己坐在经济舱。她脖子不舒服的时候我也会给她按摩。

刚才提到的那些小事我做过很多，我对她的赞美和表扬，让她觉得自己像一个女王，我想她在艰难时期仍然选择陪着我，这也是一个原因。随着时间的推移，它让我们之间的关系变得很亲密。如果你让她做你的女王，她就会让你做她的国王。

让他做你的国王

(凯瑟琳)

久而久之,乔恩确实让我做了他的女王。之后他对我也越来越好。

就像很难说清先有鸡还是先有蛋一样,我不确定孰轻孰重,但我知道他让我做女王,我选他为国王,这是我们关系发展的关键。我发现我越把他当国王,他就越觉得自己像一个国王,想要尊重这个角色。就像我说的,我赞美他、支持他、鼓励他、相信他,让他觉得自己像一个国王,有信心征服世界。

有时把他当国王很简单,只需要食物、干净的房子和性就可以——不一定是按照这个顺序。

我知道这听起来像是一种概括,但我确实觉得男人是简单的生物。大多数男人只需要很少的东西就能获得快乐。如果你能让他感到被爱、被支持、强大、有力量，就能改善他对自己和对你的感觉。

包容地接受反馈

（乔恩）

　　支持、鼓励、赞美、重视和尊重对方很重要，但保持真诚，让彼此变得更好也很重要。凯瑟琳不只是想让我感觉像国王，也想让我成为一个更好的国王。我把她当做女王的想法也是这样的。

　　是的，在我们的关系中，需要很多积极的交流，但有时我们也需要面对残酷的事实。重要的是，在这些时候，我们要包容地接受反馈。

　　有一次凯瑟琳和我讨论孩子们的问题，她说我可以做一些事情来成为一个更好的父亲。一开始我很抵触，想反驳她，问她怎样做才能成为一个更好的母亲。但我只是说："好吧，我愿意。让我变得更好吧。"几个小时后，她列了一个任务清单。当然，我只是在开玩笑。大约 20 分钟后，凯瑟琳给了我一些很好的建议，我说我会努力去做这些事情，这确实让我成为一个更好的父亲。

用爱的方式提出反馈和建议，用谦虚的态度接受它们，这有利于你的成长和提高。

家庭会议

（凯瑟琳）

我们做过的最好的事情之一就是每周开一次家庭会议。我希望我们刚结婚就这么做，但我们却是在孩子们 11～13 岁的时候才开始举办家庭会议，通常在周日举行。

当我们提出开"家庭会议"时，我听到很多抱怨的声音。每个人都必须放下手机，或者停下手头的工作。是的，有时我也会这样抱怨。开始其实挺困难的，但最后总是卓有成效。

  我们会围坐在桌子旁，阅读我们的家庭使命宣言，谈谈这一周的得失。我们会讨论各自面临的挑战并提出解决方案。我们知道了很多孩子们正在经历的事情，以及他们内心的想法，如果没有这些家庭会议，我们永远不会发现这些。这为我们提供了一个机会，让我们在忙碌的生活中联系彼此。乔恩还会从某某大全、一本祈祷书或他在网上找到的文章中选读一些鼓舞人心的文字。我们会以祷告来结束每一次聚会。

  有些家庭每天晚上都聚在一起吃晚餐来交流，但由于我们的孩子有很多运动训练，再加上乔恩的行程安排，有时候我们找不到时间一起吃饭。因此家庭会议是我们聚在一起、集中注意力、彼此联系的一种方式，也让我们可以像一个团队那样，更好地交流，共同应对挑战。

给彼此一些空间

(乔恩)

虽然腾出时间聚在一起交流是很重要的,但也应该给彼此一些空间。

我们婚后有一个很有效的策略,就是在我刚下班到家或者准备出门时,凯瑟琳会等上一会儿,先不告诉我坏消息或者困难的、有争议的问题。有一项研究表明,大多数争吵发生在进门后的 20 分钟。所以我们决定建立一个缓冲区,给彼此留出空间,这个方法成功了。我们制定了很有效的规则,我相信,如果我们没时间休息和放松,也没能创造出一个空间,用心谈谈这些困难的事,那么我们就会发生很多的争吵,而这个规则避免了这些争吵。

留出自我成长的空间

(凯瑟琳)

留出空间以避免争吵是很有帮助的,但更重要的是我们为自己创造了成长的空间。到目前为止,我和乔恩已经讨论了很多方法让两个人一起成长,但为自己和成长腾出时间也同样重要。创造自己的幸福、独立成长和共同成长,以及为自己找些独处的时间,这些都是至关重要的。

乔恩成为一名作家和演说家,我也抽出时间和朋友们一起创造自己的生活。如果你没有工作,我认为找一个爱好是很重要的。下班后,我开始打网球,并由此结识了一群新的朋友。孩子们长大后,我加入了一个读书俱乐部,在周末和朋友们一起参加研讨会。我在很多募捐活动上当志愿者,通过孩子们的体育比赛建立了一个完整的朋友圈。因为我已经有了这么多朋友,所以我不会因为乔恩经常在外奔波而怨恨他，我也不会依赖他来让我放松。这给了乔恩足够的自由去做他想做的事，创造出了不起的事业，也为我们带来了美好的生活。这让作为妻子和母亲的我感到非常快乐。

我知道你们有些人太累了，觉得没有时间再多做一件事。我明白，但我敢打赌，有些事情是你想做却没有时间做的。当我的孩子们蹒跚学步，还没上学的时候，乔恩要么在工作要么在旅行，所以我没有太多的时间和空间来成长。但在健身房，我会把孩子们放在幼儿区，这样我就能喘口气锻炼一下了。孩子们慢慢长大，我有了更多的空间来为自己投资。说实话，我很喜欢乔恩去巡回演讲。如果他在家待了几周，我最后会问他："你难道不去演讲吗？"我会告诉他，"我喜欢你离开的时候，也喜欢你回家的时候。"我喜欢独处的时光，我也喜欢在期待他回家的那一刻想念他。话虽如此，但我不喜欢他离开太久。有一段时间,孩子们长大了,我们确实遇到了困难。乔恩会解释接下来发生了什么。

服务

(乔恩)

当我读到凯瑟琳写的要创造自己的空间时,我意识到我们也许应该澄清一下:空间很重要,但要确保不能太过。

曾经有段时间,我不停地出差旅行,演讲也非常频繁。我们的婚姻很幸福,因为按照在这本书里说的那样去做,但生活中有时也会有意外。有时候逆境来得太快,你都还没准备好去面对它。那是在2013年,我们的孩子当时一个15岁、一个13岁。我收到了很多演讲邀请,并且大部分都接受了。我们的儿子是一名很优秀的网球运动员,他在佛罗里达各地参加比赛。凯瑟琳每周五、周六、周日都和他在一个偏僻的旅馆里待着,有时周一也是,而我一周大部分时间都在演讲。如果儿子不去参加巡回赛,凯瑟琳就要开车送他去参加一整周的网球训练,而我们的女儿要去训练长曲棍球。白天凯瑟琳做饭,因为我们的孩子患有乳糜泻,需要特殊的饮食。

所以在这段时间里,虽然我不在的时候,她能够独处,但她不能利用这段时间来成长,而是在挣扎着生活。我记得有一次我的演讲活动结束后,她打电话给我说:"我需要你的帮助。你不能总是在演讲。"

"你这是什么意思?"我问,"这是我的使命。"

"我知道,"她回答,"但我需要你的帮助。我一个人做不来,家里需要你。"

一开始我有点儿生气,不明白她为什么处理不了。我们仿佛回到了过去，回到了我还在法学院念书的时候，她在我很忙、压力很大的时候让我帮她。我问她为什么需要我的帮助。

她解释说，女儿的成绩下滑，儿子在网球课上也很吃力，他们在路上一直吵闹打架，她的压力很大。她没有怨恨什么，但她正处于崩溃的边缘，不顾一切地需要帮助。

我还是不明白她为什么不能处理这些事。我说："好吧，我不做我的工作了，我来帮你做你的工作。"我并不为自己说出这样的话感到骄傲，但我很沮丧。

她没有吵闹，只是温柔地说："来帮帮我吧。"

我说："好吧，我回来帮你。"

我不会像以前那样总是不在她身边，现在我会陪着她。一开始我不太情愿，但我会去做。我拒绝了大部分演讲邀请，一个月只做两三次演讲，而不是像之前那样，一个月做 10~15 次。

我的年度词汇是"服务"。我以为我的使命是服务世界上的其他人，但现在我必须为家人服务。我之前一直都在为我的事业奔波，突然变成了一直待在家里陪我的家人，这让我有点儿不习惯。我喜欢四处跑，但现在我只能一直待在家里。这太难了，我变得很低落。家里人都在挣扎。我女儿不做作业，我儿子总是找他母亲的麻烦，凯瑟琳的生活一团糟。我的团队四分五裂，怎么会发生这种事？我感到很惊讶，这些人怎么了？我承认，我想要一个不一样的团队。

现在回想起来，这对我来说就是一个巨大的考验。我真的改变了吗？我愿意为了我的家庭放弃我所拥有的一切吗？我真的对我的婚姻和家庭忠诚吗？我承诺过要在家里帮忙，现在我必须兑现它。我每天送女儿上学，再接她回家，看着她做家庭作业，准备考试。她去参加长曲棍球训练和比赛，我就给她带着无麸质的食物。我带儿子去看一些比赛，并开始帮助他树立信心。

我对自己承诺，**无论凯瑟琳让我做什么**，我都得做。有一次，我正在看电视上的比赛，她叫我去杂货店。我本来不想去，但想起了我的承诺，所以还是从沙发上起来了。我没告诉她这个承诺。虽然减少演讲这件事本来可能挺冒险的，但我的工作就是为她和孩子们服务，满足他们的需要。

我面临的一件大事就是洗衣服。我感觉我一周洗的衣服比我结婚以来洗的衣服都多。我好像总是在叠衣服，开车送孩子们去某个地方，或者给他们做吃的。过去我在外面工作的时候，并不能理解凯瑟琳所做的一切，但现在我开始懂了。我知道，当我在外奔波，专注于我和我的观众时，她并没有以自己为中心，而是把心思都放在孩子们身上。

她是一个无私的英雄。我明白了她在某一天或某一周所做的一切，我在外的工作时光比她在家里的生活要轻松得多。

我也知道了让人付出代价的不仅仅是日常的争论，而是日复一日、月复一月的生活。那绝对是我人生中最艰难的一年。我浑身上下都叫嚣着让我把重点放在自己身上，但我也意识到当我为家庭服务并专注于家人的时候，我才是最好的自己。

在年底的时候，凯瑟琳问我，我明年的承诺是什么。然后她笑着说："也许应该是自私，因为我从没见过你在家里为我们做这么多。"我说不是的，因为为家人服务已经成为我生活的一部分。

我意识到我不需要另一支队伍，我需要的是成为一个更好的领导者。我看到我为他们服务的承诺不仅让他们变得更好，也让我变得更好。我看到了我与妻子和孩子的关系是如何改善的。我不再置身事外地指导他们了，而是与他们并肩作战，并在更深的层面上与他们建立联系。

第二年，儿子去了网球学校，所以我们家的打理变得容易了许多。我还能多出差几次，但我会保证自己不会离家太久。这段经历永远地改变了我，也改变了我们的婚姻和家庭。

过去我谈到积极的领导，总把它作为一种精神状态。从这段经历中，我能够从行动的角度来看待它。我知道了什么是服务型领导，并在我自己的生活中体会到了它带来变革的力量。

有趣的是，在家里待了一年后，我写了《木匠》《积极领导的力量》和《积极团队的力量》三本书。除了《能量巴士》，我最畅销的三本书都是在我**把婚姻和家庭放在首位**的时候写的。从那以后，我的事业蒸蒸日上，和凯瑟琳的关系也变得更加深厚和牢固。

把你们的关系放在首位

(凯瑟琳)

在我们的婚姻中,我一直都很坚强,而这一次,我就是没法挣脱,无法克服,我被打倒了。乔恩在这段时间里帮着我照看孩子们正是我所需要的。他把我们的关系和家庭放在第一位。他这么做,让他和我们的家都成长了很多。如果他当时拒绝了我,并且不停地去演讲,我不知道我们现在会是什么样子。

这是一个很好的例子,说明了"欲得其果,先固其根"的道理。从那以后我们就更亲近了,他和孩子们也更亲密了,对我的角色也有了更深的理解和欣赏。经历了这一段时间,他真正成了国王——不是在城堡里发号施令的国王,而是为他所爱的人服务的国王。

当时发生了一件有趣的事,科尔因为打网球背部出了问题，我陪他一起去脊椎指压治疗师的办公室。乔恩正在参加他的活动，那是他每个月接受的为数不多的邀请。脊椎按摩师问乔恩在哪里，我说他在世界领导人会议上，和那些名人聊天。脊椎按摩师说："嗯，乔恩有点儿出名。"科尔说："在我们家里可不这样，他会洗衣服，倒垃圾。"我大声地笑了。

我觉得这是一个完美的例子，说明了什么是真正的领导，什么是把你们之间的关系放在首位。职业生涯很重要，成功也非常有吸引力，我们都想为了生活和未来拼命赚钱。但你必须记住，你最重要的事就是在你们的关系上投资。乔恩和我都说过很多次了，但现在我想直接告诉你。

把你的感情放在第一位，这有时候会很枯燥，也经常让你觉得艰难而沮丧。但我知道孩子们会永远记得乔恩给他们做的菜，他们会记得我对他们的付出。他们会记得我们对彼此许下诺言,把我们的关系放在首位。当你这样做的时候,其他的问题就会迎刃而解,我相信你会因为你的忠诚、信任和承诺而得到应有的回报。

找到你的节奏

(乔恩)

我完全同意凯瑟琳的话。我就是一个活生生的例子,看看我你就知道,当你把感情放在首位时会发生什么。当我把婚姻和家庭放在第一位的时候,我获得了最大的成功。凯瑟琳总是把我和孩子们放在第一位,在我心中,因为她的爱和承诺,我们才成为今天的我们,这一点毫无疑问。

然而,我还需要补充一点,把你们之间的关系放在首位,并不意味着你就可以不努力工作,不为自己的事业和生意而奋斗,也不意味着你就没有了全身心投入工作的时间。我们的意思是，你不能以成功为代价牺牲你的感情。

有些时候，你在工作上花的时间可能比在家的时间还要多。有时你和伴侣都在工作，很难抽出时间陪对方。有些时候，你会觉得工作比你的感情更重要。关键是你要明白，万物都有自己的季节，生活也有自己的节奏。生活中有一个种植的季节，一个耕作的季节，一个休息的季节和一个收获的季节。在你的一年里，在你的一生中，会经历这些不同的时期。

我和很多人谈过，他们说自己在工作时，会因为不在家而感到内疚。当他们在家里的时候，想的却是工作，这就导致了双倍的痛苦。这些人试图寻求工作和生活的平衡，但平衡只是一个神话。所以不要寻求平衡，因为你永远也找不到。

相反地，你应该找到自己的节奏。工作时就全神贯注,在家的时候就只忙家里的事。如果你能全身心地投入这两件事中,你就会自我感觉更好、更快乐,也更有成效,所以请找到一种适合你的、适合你们关系的节奏。

比如说,如果你知道这周会很忙,那就计划留出一些时间。你的安排可能是用五天忙工作、两天来联系感情,也可能是工作六天休息一天,也可能是你们每天晚上回家一起吃晚饭,然后去做第二份工作。它没有完美的公式,而是要找到一种适合你和你们感情的节奏。

我和凯瑟琳最好的时候是看一整年的日历,看看我什么时候最忙,然后据此一起计划周末和家庭旅行。对我们来说,6月、7月、11月和12月是我比较清闲的日子,也是我们俩和家里人最为亲密的时候。我们从未试图达到平衡,但我们找到了适合我们的节奏——关键就是要**找到适合自己的节奏**。

如果你们之间出现了问题，像当年的我和凯瑟琳那样，那你就需要适应并调整，找到一种新的节奏，确保你们的关系不会被破坏。我们每个人都会遇到这种情况，毕竟我们都是人类。"5个D"会不断地让你从最重要的事情上分心，但是当你不断地调整，找到方法，把你们的关系放在首位，找到你的节奏时，你们的关系就会很牢固。

共同成长

（凯瑟琳）

乔恩在家帮了一年忙之后，我们的家庭会议变得更有意义，也更有成效。我们很少吵架，对彼此的爱也更深，他在家里变得很乐意帮忙，我们的孩子也学有所成。虽然他越来越出名，但他说他最大的目标是成为我们家的名人。他仍然会洗衣服，在需要的时候开车送孩子。

我们形成了一种相互理解的方式，这种理解只有在一起生活的过程中才能产生。我们之间的联系和对彼此的忠诚一年比一年强。我对他的爱和热情达到了前所未有的程度，他已经成为我梦想中的丈夫。他现在为了我和孩子们，放下了手头的所有事情。他总是把我们放在第一位，甚至比他自己还重要。他是一个善良、慈爱的丈夫和父亲，我们都很敬佩他。尽管一开始他做错了很多事，但他现在的样子让这一切都值得了。

我们结婚23年，在一起25年了。我们的儿子就要上大学三年级，女儿刚刚大学毕业，现在在洛杉矶工作。我和乔恩一起旅行的时间越来越多，我开始体会他这些年在旅途中所做的一切。比如深夜行程延误，航班取消，参加大型活动，鼓励人们，帮助他人，然后上车，前往机场，再飞到另一个城市做同样的事情。我和他在一起很开心，我知道他也很享受有我这个旅伴。

我们的关系比以往任何时候都好，但我也知道，随着我们步入人生的下一个阶段，我们还要继续学习和成长。新的挑战和考验会出现，如果我们想要一起变得更强大，就必须继续为对方付出。

有趣的是，我们开始写这本书时，争吵比以往任何时候都多。我一直担心写不出来。我们为了写这本书，过去的问题都被重新提起。这么多年来我第一次感到没有安全感，把这一切公之于众是一个痛苦的过程。

"5个D"开始向我们袭来，我相信它们是想阻止我们写这本书，因为这本书会帮助很多夫妻变得团结亲密。我知道这是一次考验，我们必须保持忠诚，继续努力，做得更好，这就是我们要做的事。乔恩会先进行写作，然后我把他写的内容编辑一下，自己再写一点儿内容。之后乔恩会坐下来把我写的进行编辑，再继续写自己的内容。我们甚至用同一台计算机和同一把椅子来写这本书。

这个过程象征着我们之间的关系和"共同成长"这个标题。当你经受住关系的磨砺之后，你就不会在困难的时候放弃。你们会一起努力，为你们的关系投资，通过这个过程，一起变得更加强大。

起初，乔恩并不乐意在书中公开我们的丑事，但他又觉得我们需要这样做，来帮助其他夫妻度过困难时期。治愈伤痛的一个重要方式就是利用你的痛苦，我们希望过去的痛苦和教训能在你的生活和关系中起到作用。我们希望这本书能帮你认识到你可以改变，你们的关系也可以变得更好。我们希望你们把简单的 G-R-I-T 框架应用到你们的关系中，共同成长。我们祈祷它能给你希望，因为有时候凭借希望，我们可以改变现状，成为想要成为的自己。

如果在我和乔恩结婚之初，你告诉我有一天我们会一起写一本这样的书，我会笑着说你疯了。但这本书应该能给你们之间的关系带来希望。如果我们能做到，那你们也可以。我们写了这篇文章，而你们正在读这篇文章，这证明了奇迹是可能发生的，关系的磨砺可以让你们一起变得更加强大。

没有一个完美的公式

（乔恩）

在生活和恋爱中，凯瑟琳和我都知道要一直学习和成长。通常你们中的一个人需要比另一个人成长得更多。在我们的故事中，很明显，我是那个需要改变更多的人。我总是对凯瑟琳说她一直都很棒。我必须学会做一个好丈夫，我很感激她对我这么有耐心。如果没有她，我真的不会写书，不会演讲，不会做出改变。她在我24岁的时候认识了我，现在我49岁了，可以说是她帮助我成为今天的自己。

我也知道我们的成长之路并没有结束，还要不断地面对新的挑战，让我们重新适应彼此的关系，共同成长。虽然我相信G-R-I-T（G=上帝，R=坚定，I=投资，T=一起）框架是完美的，但并没有一个完美的公式来实现它。我们只是分享了我们的故事、教训和建议，并给出了一些道理、想法和解决方案，最终还是取决于你和你的伴侣，你们要找到适合自己的方法，并采取行动。

正如凯瑟琳所说，如果你把你们的关系放在首位，一起为它投资，你应该能看到你们的关系有了显著改善。我们不只是想让你为了维持一段感情而坚持下去，这样你就可以说你经受住了关系的磨砺。我们更希望你能坚持下去，这样你就会因为没有放弃，而享受到它带来的好处和爱。经受关系的磨砺不是指咬着牙一起生活,而是需要忍受痛苦,迎接挑战,并以包容的心战胜它们,与另一半体会到更多的快乐和爱意。

对的时间说对的话

(凯瑟琳)

  虽然没有完美的公式,但我们也知道,在正确的时间说正确的话会产生很大的影响,一个你从未考虑过的建议或想法可能正是你所需要的。我的朋友和导师给了我很多建议,帮助我度过了一些艰难的时刻,也让我可以更好地与乔恩沟通。他们告诉我,我需要"教他如何对待我"。正如你所读到的,我很努力地做这件事,从未放弃。谢天谢地,它带来了一个好结果。虽然他学得很慢,但最终还是学会了。

  正确的建议在正确的时间会产生很大的影响。

本着这种精神,在下一节中,我们每人会分享11条你可能会觉得有用的技巧。许多内容贯穿全书,但我们认为以这种小提示的形式会很有帮助。我们还在后面加了一些讨论问题,让你和你的搭档可以一起讨论。

我和乔恩祝福你们恋情顺利,为你们加油!上帝保佑你们!

附录

维系一段美好关系的 11 个小技巧

(凯瑟琳)

1. 让上帝加入你们的关系中。想出你自己的夫妻 / 家庭祷文。你会惊讶于它的强大之处。

2. 交流你们对彼此的期望。这是很重要的一条！虽然我很希望乔恩能有读心术,但他没有,所以我尽量把我的需求说清楚(而且合理)。谈谈你的期望,倾听对方的期望,谈谈你们如何满足彼此合理的期望。这应该是一个长期的讨论。例如,如果你们中的一个人在工作上遇到了困难,那么这个人应该聊聊这件事,另一个人可以提供一些支持性意见。这可能意味着你可以自己去买晚餐,而不是等着别人来做。

3. 拥有共同的愿景。作为伙伴,你们想要达成什么目标?你想为你们的未来创造什么?从现在开始的 5 年、10 年或 20 年后,一段成功的关系是什么样子的?你们要谈谈什么是重要的。

4. 不要互相竞争!要互相鼓励、互相加油。你要为另一半在个人和事业上的成功感到高兴。我知道这听起来像是废话,但就像我们之前说的,有些夫妻会互相竞争,很多时候情况都不太好。请记住:你们身处同一个团队。

5. 给予赞美。要对另一半表达你最高的赞美。找到另一半优秀的一面,关注他们的优点,而不是缺点。在对方重视的事上表达你的赞美。

6. 不要计较得失。因为两个人的付出永远不会是相等的。我们往往关注的是自己付出了什么或做了什么,也更关注对方没有做什么或没有付出什么,所以没人会赢。记住,我们的目标是共赢。

7. 欣赏对方的与众不同。你和你的另一半是两个不同的人。你不应该期望别人的行为或想法和你完全一样,要尊重他们独一无二的一面。也许你会发现，对方与你不同的地方实际上会和你互补。

8. 教对方如何对待你。你的伴侣可能不知道该怎么对你，也许是因为没有一个好的榜样。不管他出于什么原因对你不尊重或者对你不好，都不要放任不管，不要安于现状，你要教他怎么做才是对你好。

9. 同意或不同意。有时候你们会意见不一致，但你们不需要在每件事上都达成一致。你的伴侣可能不总是和你有同样的看法，没关系，你们仍然可以尊重彼此的观点和信仰，只要保证你们在重大事情上达成一致。

10. 做一些让你的伴侣开心的事，也愿意做他不喜欢做的事。你可能有时候不想这么做，但还是做了。你的另一半也应该为你做同样的事，你们俩都要为彼此做出牺牲。乔恩不喜欢看邮件，所以我来看，尽管我也不喜欢。

11. 花点儿时间增进感情。我们天生就渴望亲密关系，因为这会让你们彼此更加亲近。在一段健康的、稳定的关系中，身体上和情感上的亲密是基本要素。

祝你们婚姻生活愉快！

维系一段美好关系的 11 个小技巧

(乔恩)

1. 共同治愈。谈谈你的过去，谈谈你遇到的问题。要对彼此的经历敏感一点，谈谈你们在这段关系中犯的错误，这样你们就可以共同解决这些问题。我不是说在你第一次约会的时候就这么做，但随着时间的推移，你希望你们的婚姻成为一个避风港，在这里你们可以成长起来，更爱对方，一起治愈创伤，共同成长。

2. 给予彼此力量。回顾我的生活和婚姻，如果没有凯瑟琳，我不可能走到今天。她的爱与支持、信念与鼓励给了我力量。她在别人都不相信我的时候信任我,给了我追求梦想的信心。你要把让彼此变得更好作为你的目标,给对方力量,去成为你注定要成为的那个人。

3. 愿意做出改变。你必须愿意去改变。凯瑟琳给我下了最后通牒,我才反思自己和自己的生活,也意识到她是对的。我愿意改变,这也让我开始了我现在做的事。因为我愿意,所以我对我的妻子、孩子和其他人产生了积极的影响。所以要愿意提高和成长,你的婚姻、生活和整个世界都会因此而美好。

4. 把你们的关系放在首位。首先要为你们的关系付出,而不是从这段关系中索取。专注于为对方付出,而不是索取,你会建立一段牢固的关系。如果你放任不管,很多事情都会诱惑你从你们的关系中分心,所以要记住什么是最重要的。把注意力放在你们的关系上,把它放在首位,你生活中的其他事情就会做得更好。

5. 沟通，沟通，再沟通。大多数关系的破裂最初都是因为不会沟通。如果缺少了沟通，消极情绪就会乘虚而入。保持良好的沟通非常重要。这些年来，我和凯瑟琳也有过分歧，但在我们学会了真正的沟通之后，我们就一起变得更加强大。你们要和对方谈谈自己的需求，谈谈你们之间出了什么问题，交流一下你们各自在哪些方面做得不错。良好的沟通会让你们彼此更加亲近。

6. 为了团队做出牺牲。说到争论，最重要的就是在你错了的时候要勇于承认。我确实犯了很多错，也承认了错误。甚至有时候我不觉得自己错了，但我还是承认了，因为比起争辩我正确与否，更重要的是要让凯瑟琳知道我爱她。我为团队牺牲了一次，这样我们就能变得更强大。我输掉了这场争论，但我们赢得了这场战争。有时你不得不做出让步和妥协,即使你不愿意也要这么做,因为你更在乎你的婚姻,而不是你是否正确。

7. 我越爱我的妻子,就越爱我的生活。我说的不是"如果妻子快乐,生活就会快乐"这种流行语。我的意思是,我越是把重心放在对妻子的爱和帮助上,我对自己和婚姻的感觉就越好。重点不是她为我做了什么,也不是为了得分,而是我决定要无私地爱她、帮助她、支持她。我发现当我这么做的时候,我们的关系变得更好了。如果你的伴侣需要你的时间、关注和帮助,你就应该尊重他的需求,为他分出时间和精力。

8. 成为一个团队。正如我们提到的,我和凯瑟琳在过去的几年里遇到过很多夫妻,他们似乎总是在跟对方比赛。他们不会鼓励和支持另一半,反而会在对方瘦下来或者在某方面成功的时候心生嫉妒。他们不是一个团队,而是两个独立的主体。一段和谐美好的关系需要你们成为一个团队,互相支持和鼓励。如果你们彼此支持、彼此鼓励,不仅个人会有所成长,你们的二人团队也会变得更强大。

9. 有共同的使命。我和凯瑟琳在一起不只是为了我们自己,而是因为我们相信,我们的使命是创造出能改变世界的勇士。这个使命影响了我们的每一个决定,也影响了我们今后的生活。如果一对夫妻有共同的使命,那么他们遇到困难时就不会放弃。他们会共同努力来完成使命。我和凯瑟琳知道我们不是完美的父母,这一路上也犯过错误,但我们的使命激励着我们,让我们竭尽全力,度过了艰难的时光。

10. 给彼此空间——但不要太过了。正如我们在书中所分享的,作为个体,拥有自己的成长空间是很重要的,但你们也不应该分开太久。我们发现,夫妻分开的最佳时间是三到四天;如果分开超过七天，那时间就太长了。我和凯瑟琳分开超过七天的次数屈指可数。我知道不是每个人都能有这么多的空闲时间，有时你们分开的时间会更长，但请尽可能找到适合你们关系的最佳空间。

11. 继续努力，不要放弃。众所周知，经营一段关系并不容易。这个过程中有起有落，你们的关系也时好时坏。有太多人选择放弃，想要另觅佳人。但事实并非如此，当你在你们的关系中扎根、用心呵护它，并为另一半付出时间和精力，随着时间的推移，你会成长为你想成为的那个人，你们也会变成理想中的夫妻。在一段关系中，你要学会付出、接受和妥协。它是你们彼此治愈、解决各自问题的地方，也是强大的家庭和团队的基础。在过去的几年里，我和妻子去做过几次心理咨询，上过育儿课，吵过架，甚至对彼此感到厌烦，但我们从未停止过对彼此的爱，也一直在努力改善我们的婚姻。甚至有几次我们马上就要放弃了,但感谢上帝,我们坚持了下来。这里的关键就是要经受住关系的磨砺。你要坚持到底,继续努力,永不放弃。

尽管我的最后一条建议是不要放弃,但如果你受到了虐待,那就另当别论,我们建议你立即寻求专家的帮助。我们知道,在某些情况下,坚持下去可能不是正确的决定。并不是每一对夫妻都注定要在一起,我们有朋友离婚了,因为觉得彼此并不合适,然后他们分开后各自找到了自己的灵魂伴侣,过得比以前更幸福。我们也意识到了,并不是每对情侣都需要经受感情的磨砺。但我们认为,如果没有竭尽全力,你们就不能放弃。我们希望这本书能帮到那些本想放弃但又不该放弃的人,他们因为这本书,选择坚持下去,解决了存在的问题,最终建立了更深入、更亲密、更幸福的关系。

开放讨论

1. 在你们的关系中,你会计较得失吗?有什么方法可以让你们互相支持,而不是计较彼此的得失呢?

2. 如果从 1 到 10 打分,你们为彼此之间的沟通程度打几分?怎样能达到 10 分?

3. 你们在交流中有哪些空缺?你如何通过更好的沟通填补这些空缺?

4. 谈谈你们对彼此的期望。它们是合理的还是不切实际的?你还能为你的伴侣做些什么?你可以做出一些妥协吗?

5. 你们欣赏彼此的哪些差异?

6. 怎样才能做到期望更少、欣赏更多?

7. 你们共同的愿景和目标是什么?

8. 你们有什么共同的纽带吗？你们喜欢一起做什么？你们有什么共同之处？

9. 怎样才能更多地互相赞美呢？

10. 你的伴侣做了哪些正确的事情？列一个清单，花点儿时间彼此分享。

11. 你们双方会用什么方法改善你们的关系？

12. 怎样才能把你们的关系放在第一位？

13. 你们的感情节奏合适吗？什么样的节奏最适合你们的关系？你们如何改善自己的节奏？

14. 你们双方从这本书中收获的最重要的道理是什么？

15. 读了这本书后，你们两人要做的第一件事是什么？

为了庆祝结婚15周年，我给凯瑟琳做的一张贺卡

这就是一见钟情。
你闪亮的眼睛和美丽的脸庞，
以及一个温暖的拥抱。
告别，命运，一次尴尬的约会。
淘汰，一个意外的电话，一次拜访
和一次深入灵魂的交谈。
我知道你就是我的女神。
你是我的命中注定。
上帝创造了我们，让我们在一起。
结婚15年了，
我对你的爱有增无减！

Relationship Grit　　亲密关系

为了庆祝结婚20周年，我给凯瑟琳做的一张贺卡

今天我们庆祝结婚20周年。
我们在一起，爱到永远！
我感谢上帝给了我双眼，对发现我闪光点的女人
我能深入她的内心。
没有你，我就不会是现在的我。
我们的婚姻是上帝的精心安排。
你是我的爱人、我美丽的灵魂伴侣。
我期待着下一个20年，
还有更多值得庆祝的事情。
我们才刚刚开始。
我们从未结束。
美好的生活还在前方等着我们！

乔恩·戈登"积极改变"
半小时成长系列

励志书3.0版 商业寓言、温暖治愈；激发能量、提升团

有意识的成长才是人生

- 如果你正处于人生迷茫、职场内卷、人际关系紧张、挫折痛苦

- 如果你的团队员工抱怨、业绩下降、外部压力增大、缺乏信心

- 那么建议你读读这套书，积极改变，心态变了你的世界就大了！

ISBN：978-7-5043-8680-9
定 价：59.00元

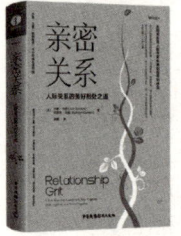

共同成长是人际关系长青的纽带

人的内心不种鲜花就长杂草

不如创造和转化环境

ISBN：978-7-5043-8666-3
定 价：59.00元

ISBN：978-7-5043-8662-5
定 价：59.00元

ISBN：978-7-5043-8664-9
定 价：49.00元

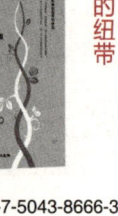

全面赋能，以应对这个不确定的时代

要获得真正的成功，你必须去帮助他人

声名 专业 奉献和爱是伟大领导者资质

ISBN：978-7-5043-8663-2
定 价：49.00元

ISBN：978-7-5043-8661-8
定 价：59.00元

ISBN：978-7-5043-8668-7
定 价：59.00元

扫码购书